街場の米中論

内田 樹
Tatsuru Uchida

東洋経済新報社

はじめに

みなさん、こんにちは。内田樹です。

今回は「米中論」です。

僕の主宰する凱風館寺子屋ゼミで少し前に通年テーマ「アメリカと中国」でゼミをやりましたが、そのときの僕の発言を文字起こしして、それに大幅に加筆したものです。

ゼミでは毎回一人のゼミ生が演題を選んで発表をします。それについて僕が30分ほどのコメントを加えて、それからディスカッションをします。この形式は20年前の大学院時代のゼミから変わりません。２０１１年に大学を退職してからは、ゼミの開催場所が大学の教室から道場に移りましたが、火曜五限という開始時間はそのままでした。参加するゼミ生はさすがに変わりましたが、それでも「卒業」するまで平均5年間くらいは在籍してくれます（最初からずっと履修している方もいます）。

僕は事前に発表者からどんな内容の発表をするのか訊きません。当日発表を聴いてから、その場で思いついたことを話します。発表そのものについての評価とか査定ということはしません。ですから、僕のコメントは発表の出来不出来についてのものではなく、「話を聴いているうちにふと思いついたこと」です。「そういえば、いまの話を聴いて思い出したことがあるんだけれど」という話をします。経験的にはこれが一番ゼミの進め方としては生産的であるような気がします。

ディスカッションに参加するゼミ生たちもみんな僕のこのやり方を踏襲し、次から次へと「いまの話を聴いてふと思い出したこと」を語ります。「いまの話」は発表の主題だけに限りません。中に出てきた固有名詞や、引用された文献の一行や、とにかく「そういえば」という一文さえ頭につけたら、何を話してもらっても構わない。

そうすると最初の発表からは予想もしなかった「あらぬ彼方」へ話が転がってゆきます。そして、しばしば発表が始まったときには誰も予想していなかった思いがけない話題で一同盛り上がる……ということが起きます。こういうゼミの展開が僕はたいへん気に入っています。

もちろん「そういうのが気に入っている」というだけで、これが「正しいゼミの進め方」

であるなどとは申しておりません。ふつうの大学の先生が聴いたらたぶん「こんなのはゼミじゃない。ただの雑談だ」と怒り出すかも知れません。でも、僕がゼミでめざしているのは、あるテーマについて有用な知識を身につけるということよりもむしろ、ゼミ生たちに知的高揚を経験してもらうということです。

ですから、僕はゼミ発表について「査定」とか「評価」ということをしません。別にゼミ生たちは単位が要るとか卒業要件を満たすとかいうために来ているわけではありません。みんな仕事があって忙しい身体なのにその貴重な時間を割いて凱風館まで来てくれる。それは他では経験できないことを経験するためだと思うからです。

たしかに人の発表を聴いて、新たな知識や情報を仕入れることもとても有意義なことですけれど、それ以上に、「そういえば」がきっかけになって、自分の記憶のアーカイブを点検するという作業が始まる方が大切だと思う。

この「ちょっと待って、その話を聴いて、いまふと思い出したことがある。あれは何だったんだっけ……」というふうに自分の記憶の中に入り込むことは知性の活性化にとって、とてもとても大切なことではないかと僕は思います。

というのは、一人ひとりの記憶のアーカイブの中には、原理的には、生まれてから見聞きしたすべての情報が収納されているはずだからです。表層にあって「すぐに取り出せる記憶」とは別に「そんなことを記憶していることさえ忘れていた記憶」がその下には広がっています。深々と、底なしに広がっている。

「記憶していたことさえ忘れていた記憶」の壮大な図書館的な広がりを僕たちは全員が所有しています。その容量にもそれほどの個人差はないはずです。ただ、ほとんどの人は「すぐに取り出せる記憶」だけを「自分の記憶」だと思っていて、「記憶していることさえ忘れていた記憶」がその下に深々と広がっていることをふだんは意識していません。それを「記憶」だと思ってもいないし、むろん活用することもほとんどない。僕はそれはすごくもったいないことだと思うんです。

推理小説で名探偵が謎を解くのはだいたい「自分がそれを記憶していることさえ忘れていたことをふと思い出す」というしかたで起きます。他の人たちが見過ごしている何でもないものに名探偵の目がとまり、「おや、これは前にどこかで見たことがあるぞ……あれはどこだったか」と記憶を探っているうちに、思いがけない「つながり」を発見する。よくありますよね。

過日たまたま『ダイ・ハード3』を見たんですけど（もう5回目くらい）、ジョン・マクレーン刑事（ブルース・ウィリス）が銀行のエレベーターに乗る場面で、NY市警の刑事だと名乗る男がつけているバッジを見て、その4桁の数字を見て「おや、これは前にどこかで見たことがあるぞ」と記憶を探るという場面がありました。そのせいでマクレーン刑事は死地を脱するわけですけれど、そういうことができるから彼は「なかなか死なない（die hard)」刑事なんです。

凡庸な警官と天才的な探偵を切り分けるのは、この「自分が記憶していることさえ忘れていたことを思い出す能力」ではないかと僕は思います。シャーロック・ホームズもエルキュール・ポワロもその手の記憶活用術の天才です。でも、この能力は物語の探偵たちの独占物ではなく、訓練によってかなりの程度まで開発することができるのではないかと僕は思っています。でも、そのためには誰かが「ちょっと待って。いまの話を聴いているうちに、ふと思い出したことがあるんだ」と言い出したときに、「おい、話題を変えるなよ」というふうに咎め立てたりしないで、とりあえず黙って耳を傾けるという習慣をお互いに認め合う必要があります。

グレゴリー・ベイトソンの『精神と自然』の中に「知性とは何か」をめぐる小噺があります。ある科学者が彼の巨大コンピュータに「機械は人間と同じように思考できるか？」

という問いを入力します。コンピュータはしばらくごとごとと音を立てて演算をしてから答えをパンチした紙片を吐き出しました（1970年代の話なので、まだ答えはディスプレイ表示じゃないんです）。そこにはこう書かれていました。

THAT REMINDS ME OF A STORY(1)

訳すと、「それでこんな話を思い出した」です。

コンピュータは「知性とは何か?」という問いには答えず、その代わりにa storyを思い出しました。どうやらベイトソンはそれこそが知性の本来の働きであると考えていたようです。知性の最も創造的な働きは、問いと答えというかたちで完結するのではなく、問いというかたちで示されたある一つのアイディアをきっかけにして「一つ話を思い出す」ことのうちにある。

素敵な考え方だと思いませんか?

いずれにせよ、この小噺を読んだときに、多くの読者の頭が「問いに答えることよりも人間的な知性の使い方とは何か?」という問いをめぐって高速で回転し始め、いくつもの

storyが読者たちの脳裏に浮かび上がったことは間違いないと思います。

この本に収録されたのは、ゼミ生の発表のあとに僕が「いまの話を聴いて思い出したことがある」という前口上に続いて語った話をまとめたものです。ですから当然論文のようにまとまったものではありません。あらかじめ僕の側に「言いたいこと」があって、それを出力しているわけではありません。人の話を聴いているうちに、「思い出したこと」があるので、それを話しているんですから。

その話を文字起こししたものを読んでいるうちにさらに「ふと、思い出したこと」があって、それを加筆して本書ができました。その年度のゼミの通年テーマは「アメリカと中国」でしたけれど、ゼミ生の発表が圧倒的にアメリカについてのものに偏っていましたので、ほとんどアメリカ論です。中国については、その世界戦略と地政学的コスモロジーについて話したことだけです。その点ではかなりバランスの悪い本ですから「米中論」を名乗るのは羊頭狗肉なのですが、中国についてのは、情報量が圧倒的に少ないのですから、そこはひとつご容赦ください。

では、最後までゆっくりお読みください。また「おわりに」でお会いしましょう。

（1） Gregory Bateson, *Mind and Nature*, Bantam Books, 1979, p.13

『街場の米中論』目次

第2章 自由のリアリティ

第3章　宗教国家アメリカの「大覚醒」

第4章　解決不能な「自由」と「平等」

第5章　ポストモダン後にやって来た「陰謀論」時代

第6章　「リンカーンとマルクス」という仮説

第7章　国民的和解に向かうための「葛藤」

第8章　農民の飢餓

第1章

帰ってきた「国民国家」時代の主導権争い

再強化される国民国家

新型コロナウイルスによるパンデミックが収束しないうちに、２０２２年2月にロシアによるウクライナ侵攻が始まりました。疾病と戦争はまったく別次元の出来事です。でも、そのまるで無関係のはずの二つの出来事がある方向に世界を押しやっているように見えます。それは「国民国家の再強化」という方向です。

だいぶ前から、「国民国家」という政治単位が国際政治の主たるアクターである時代はそろそろ終わりだと思われていました。経済活動のグローバル化が進行して、クロスボーダーで商品、資本、情報、人間が移動することが当たり前になっていました。それと同時に、気候変動にしても、このパンデミックにしても、人口減少にしても、単立の国民国家では手に負えないものになってきていたからです。人類はトランスナショナルなスキームで問題に向き合わないと手が出ないほど大きな問題に直面している。だから、いずれ国民国家が基礎的な政治単位である時代は終わるのだろう、僕はなんとなくそう思い込んでいました。でも、それはいささか先走りであることをコロナとウクライナで思い知らされました。

中くらいの現実

少しだけ世界史をおさらいしますと、国民国家というのは発生的には1648年のウェストファリア条約を起点にして、「世界標準」になった統治システムです。まだ生まれて400年ほどの「若い」制度です。

国民国家というのは定義すると、ある限定的な国土のうちに、人種、言語、宗教、生活文化を共有する、きわめて同質性の高い「国民（nation）」が集住している「国家（state）」のことです。いまは国連に加盟している193か国は原則として「国民国家」であるとみなされています（実情はだいぶ違いますが）。でも、それは「いまはそういう話になっている」というだけで、17世紀以前には国民国家は標準的な政治単位ではありませんでした。まずこのことをよく腹に収めておいてから話を聴いてください。

僕たちはいま目の前にある現実は「ずっと昔から存在したもの」だと思いがちですけれど、それは勘違いです。現実のうちには「太古から存在するもの」、「数百年前から存在するもの」、「ごく最近になって登場したもの」などが混在しています。それらは区別しなければいけません。

でも、「リアリスト」を自称する人たちはなぜかこの区別にあまり興味を示しません。そして、「太古から存在するもの」と「ちょっと前に登場したもの」を「目の前の現実」として同列に扱って怪しまない。でも、それっておかしいと思いませんか？

親族システムや言語や医療や交換は「太古から存在したもの」です。国民国家や資本主義は「数百年前に登場したもの」です。ＳＮＳやAmazonやGoogleは「ちょっと前に登場したもの」です。「太古から存在したもの」はたぶんこのあとも人類が存在する限り存在すると思います。「数世紀前に登場したもの」は数世紀後には存在しなくなるかも知れない。「ちょっと前に登場したもの」は10年後にはもう誰もその名前さえ覚えていないかも知れない。

そういう区分をすると、国民国家は「中くらいの現実」です。未来永劫に続くわけではないけれども、5年、10年というような短いタイムスパンでは消え去るわけではない。

17世紀に国民国家がデフォルトに採用される前の政治単位の世界標準は「帝国」でした。帝国というのは多人種・多宗教・多文化が混在している統治システムです。中央に独裁的な権力を持つ皇帝がいて、それ以外のエスニック・グループは「一君万民」として等権利的でした。多少のでこぼこはあっても、臣民たちの間では原則的には平等が果たされていました。オスマン帝国とか、モンゴル帝国とか、神聖ローマ帝国を思い浮かべてください。

例えば、神聖ローマ帝国皇帝のカール五世は同時にスペイン国王であり、ブルゴーニュ公であり、イタリア王でした。生まれたのはフランドル、母語はフランス語、英仏以外の西欧のほぼ全土を統治し、パリに住み、晩年はスペインの修道院で過ごしました。だから、「カール五世というのは、どこの国の人ですか?」という問いそのものが無意味なのです。帝国の時代の人々を、現存するいずれかの国民国家の「国民」に帰着させることはできません。

でも、そういう統治形態がしだいにうまく機能しなくなった。そこで、17世紀に新しい政治単位として国民国家というものが採用された。ある歴史的条件の要請によって登場したものですから、歴史的条件が変われば変容し、場合によっては消滅する。

ですから、長いタイムスパンで見れば、いずれ国民国家は消滅するはずです。生成したものはいつか滅びる。でも、その前に長期にわたる「国民国家が惰性化・空洞化する過渡期」があるだろうと僕は思っていました。そして、21世紀はたぶんまるまる1世紀人類はこの「過渡期」を過ごすことになるだろうとぼんやり想像していました。

禁じられた同朋意識や連帯感

ところが、この見通しが狂いました。

たしかに経済はグローバル化しました。グローバル資本主義のプレイヤーたちはもう個別の国民国家には帰属しておりません。資本家たちは株主の利益を最大化するように行動しますが、この株主たちはウォール街の金融マン、アラブの王族、ロシアのオリガルヒ、中国の財閥など多国籍にわたります。彼らは企業が株主の利益を最大化することを要求します。その結果、資本主義企業はいかなる国民国家にも帰属しない「無国籍産業」というものになりました。人件費と製造コストが安く、公害規制が緩く、政治家や官僚が買収しやすい「後進国」に製造拠点を置き、租税回避地に本社機能を移す。

かつての国民経済内部的な企業でしたら、創業の土地に雇用を創出し、祖国の経済成長に貢献し、祖国の国庫に納税することを（表向きは）めざしていました。そういう経営者たちは「立志伝中の人物」「郷土の星」と讃えられ、彼ら自身も「故郷に錦を飾る」ことを強いインセンティブにして事業拡大に励んだ。もちろん本音では「もっとコストの安いところで製造したい。税金なんか納めたくない」と思っていたかもしれませんが、口には出さなかった。そんなことをいったら「見下げ果てたやつだ」と思われるリスクがあったからです。

でも、いまは違います。

何年か前にトヨタ自動車の社長が「国内生産300万台」は死守したいと話したことがありました。下請け・孫請けに多くの雇用者を抱えている巨大企業としては国内に一定の雇用を創り出す社会的責任があるというたいへん「まっとうな」発言でした。でも、そのときに「海外の株主からはつよい批判があるでしょう」とも言っていました。海外のもっと人件費や地代の安いところに製造拠点を移さないことで利益が目減りするとしたら、それは株主に対する「背任行為」だとみなされる可能性があるからです。理屈はその通りです。

ですから、いまは企業が十分な利益を上げたので、「ご恩返し」のために、創業の地に図書館や美術館を建てたり、橋を架けたりということはできなくなりました。そんなことをしたら経営者は、自分の「身近の」特定の人々に特別な便宜を供与したという背任容疑で海外の株主から訴えられるかも知れないのです。なんと。

いかなる国民国家にも帰属感を持たないし、いかなる国の国民に対しても同胞意識や連帯感を持ってはならないということがグローバル企業の要件です。そして、ある程度以上の規模の企業は生き延びるために「グローバル化」せざるを得ない。

祖国の運命と自分の運命を切り離した「エリート」

それと並行して、各国のエリートたちも「祖国」に無関心になりました。世界各地に生活拠点を持ち、国籍の違う人たちとネットワークで結ばれ、大陸間を自家用ジェットで移動する。これがエリートのステイタスになりました。まことに理不尽な話ですけれども、「祖国の運命と自分の個人的運命とを切り離すことに成功した人たち」は僕たちの社会では「成功者」「エリート」とみなされている。そして、多くの国民が「こういう賢い人にわれわれの国家の政策決定を委ねるべきだ」と考えている。

よく使う喩えをここでも繰り返しますが、これは「船が沈没するときに、あらかじめ上空にヘリコプターを手配しておいて、自分ひとり逃げ出すことができるくらいに目端の利いた人」にこそ船の舵取りは委ねるべきだというのと同じ話です。国民国家に対して帰属意識を持たず、同胞に対して責任を感じない人たちを「成功者」と祭り上げて、その人たちに国民国家の公共財や公権力を「好きに使ってください」といってているわけです。そんなことをしたら、国民国家はぐずぐずになってしまうに決まっている。事実、世界中でそうなっています。

少し前にAppleが租税の安いアイルランドに本社機能を移して、合衆国への納税額を減らそうと工夫したら、ＣＥＯが連邦議会に召喚されてさんざん嫌味をいわれたことがありました。そのときにＣＥＯは「連邦政府はこれだけうちから税金を取っておいて、まだむしり取る気か」と怒っていました。その怒りを「当然だよな」と思う人がおそらく現代社会では圧倒的多数だろうと思うからこそそういったのだと思います。

僕はこういう現象全体を「国民国家の液状化」とみなして、これは国民国家がそろそろ命数が尽きることの予兆だろうと思っていました。

でも、そうでもなかった。

２０１６年に英国はＥＵ離脱を決めました。ＥＵ内部では、あらゆるものがクロスボーダーで行き来して、ヨーロッパ全体が繁栄するはずだったのに、英国民は英仏海峡に仕切りを作る政策を選んだ。その翌年大統領になったトランプはメキシコとの間に「壁」を建設して、メキシコからの移民流入を防ぐという選挙公約の実施に踏み切りました。ここでも新しく「仕切り」が作られた。いったいどうなっているのか、僕はいささか混乱しました。国民国家は終わるのか、続くのか、どっちなのか。

新型コロナが引き起こした「鎖国」

そこにきて世界を襲ったのが新型コロナウイルスでした。パンデミックであきらかになったのは、国民国家の国境線が実は単なる幻想ではなくて、リアルな「疫学的な壁」だったということです。

2020年初めにイタリアが医療崩壊に陥りました。マスクや防護服や検査キットといった基礎的な医療資源が不足したのです。当然、イタリア政府はEUの友邦に支援を要請しました。でも、ドイツもフランスも医療物資の輸出を断った。自国民の医療が優先で、他国民を助けるだけの余裕がないというのです。その結果、同じ感染症に罹患しながら、国境線のこちら側では生き延びるけれど、あちら側では死ぬということが起きた。

イタリアの窮地を救ったのは中国でした。でも、別に中国は博愛的な動機でそうしたわけではありません。そうすることでイタリアと独仏の間に鋭い「くさび」を打ち込み、EUの分断を加速することができると算盤を弾いたのです。

アメリカも感染初期には医療資源の在庫不足で深刻な医療崩壊に陥りました。かの国では、賢い経営者は「在庫ゼロ」を理想とします。「必要なものは、必要な時に、必要な量だけマーケットで調達すればよい」、そういうジャスト・イン・タイム生産システムがデフォルトだった。

ですから、マスクや防護服のような製造コストの安い、高度な製造技術を要さない医療品については、ほとんどを海外にアウトソースしており、戦略的備蓄はゼロに近かった。でも、金さえ出せばなんでもマーケットで調達できるわけではないということもたまにはあります。パンデミックはそうでした。だから、物流が止まったとたんに医療崩壊して、たくさんの死者を出すことになった。

その年の夏に、ホワイトハウスは重要な医療品、医療器具については、コストを度外視して、国内生産に切り替えることを決定しました。国民国家の経済的な「鎖国」が部分的に行われるようになったのです。

予想外の「徹底抗戦」を選択したウクライナ国民

そこにウクライナ戦争が起きました。プーチン自身も、ロシア問題の専門家も、ほとんどの人は、ロシアの怒涛のような猛攻の前に、ウクライナ軍は敗走して、あっという間に首都は陥落し、傀儡政権が出来て、国民投票が行われて、クリミアと同じような手順でロシアの属領になるだろうと予想していました。

ウクライナ国民が命がけで祖国を守るような愛国心を発露することはあるまいと多くの人が思っていました。なにしろ国民国家という統治モデルはもう「賞味期限切れ」のはずだったからです。ところが、ウクライナ国民は徹底抗戦という予想外の選択をしました。どうやら国民国家という「想像の共同体」はそう簡単に歴史の舞台から退場する気配はなさそうだということがここに来てわかった。おそらく、国民国家はこれからの歴史的環境に適応して、必死に変貌して生き延びてゆくつもりなのでしょう。では、どういう形態変化を遂げるのか。僕はいまそれに興味があります。

映画『ジュラシック・パーク』で、カオス理論の専門家のマルコム博士（ジェフ・ゴールドブラム）は、人造恐竜たちはいずれ人間の統制を出し抜いて、予想もつかない行動をとるようになるだろうという不吉な予言をします（そして、その通りになるわけですが）。そのときにマルコム博士はこう呟きます。

「生物は生き延びる道を見出す（Life finds a way）」。

この予言は国民国家という「生き物」についても妥当するかも知れません。国民国家は僕たちが知っているこれまでのかたちとは別のものに変容しつつ、歴史的な淘汰圧をもうしばらく生き延びるかも知れない。

ロシアの「勢力圏」が消滅する

コロナ後、ウクライナ戦争後の世界は果たしてどうなるのか。まだコロナもウクライナ戦争も終息していませんから、これはだいぶ先走った問いになります。ロシアがついに核兵器を使ってＮＡＴＯとの第三次世界大戦が起きるとか、ロシア国内で政変が起きて、プーチンの世界戦略が放棄されるとかいう「非常事態」が起きない限り、ウクライナ戦争は一時的な停戦をはさみつつ長期化すると僕は予測しています。それでも、いずれどこかで

（1953年から南北朝鮮の間で続いているような）「長い休戦状態」に入るのではないかと思います。

どういうかたちで休戦するにせよ、その時点では、もうロシアが世界政治のキープレイヤーではなくなっていることは確かです。経済的にも軍事的にも疲弊し果てており、とりわけ国際社会に対する「倫理的優位性」をほぼまるごと失ってしまった。これは予想外に大きなダメージになると思います。

かつてスターリンの時代にはリアルな国力とは別のところに「国際共産主義運動の指導国」という幻想的な威信がありました。世界中に何百万という「スターリン主義者」が存在して、彼らがソ連の国際政治における優位性を支えていました。でも、いまの国際社会に「プーチン主義者」はいません。自国益よりロシアの国益を優先的に配慮することが「世界のためだ」と考えている人間はたぶんどこにもいない。スターリンとプーチンは似たタイプの独裁者ですが、国際社会における両者の威信と影響力には天と地ほどの差があります。ですから、ウクライナの戦争がどういう結果になっても、ロシアが没落することは確実です。もうロシアの「衛星国」といわれるような国はなくなり、ロシアの「勢力圏」というものが地上から消える。これは断言してもよいと思います。

米中どちらが主導権を握るか

となると、アメリカと中国が国際社会でのリーダーシップを競うことになる。米中どちらが主導権を握るかによって、世界は大きく変わります。

「民主主義指数」でアメリカは世界26位、中国は148位（「エコノミスト・インテリジェンス・ユニット」2021年）。アメリカもたいしたことはありませんが、中国が主導権をとるということは、その勢力圏が「非民主化する」ということです。

別に中国が「世界を非民主化して、中国みたいな体制にしよう」という世界戦略を持っているからではありません。自分の勢力圏に含まれる国の体制が民主的であろうとなかろうと、そんなことに中国は興味がない。その点がスターリンのソ連とは違います。ただ、中国政府が指示したことがただちに遅滞なく現地政府によって実現されることを望んでいるだけです。

ですから中国にしてみたら、勢力圏の国が極右の独裁国でも構わないし、国民的人気を得たポピュリスト政治家が好き勝手をする衆愚政でも構わないし、新自由主義国家でも構わない。属国の政体なんかどうでもいい。中国のいうことを聞くなら、なんでもいい。その点については、いまも中国は伝統的な中華思想の枠組みの中にあると思います。

中華思想というのは、宇宙の中心に中華皇帝がいて、「王化の光」がそこからあまねく四囲に広がってゆくという宇宙観です。王化の光を豊かに浴びているところは開明的な人間の暮らす文明圏であり、中心から遠ざかって王化の光が及ばなくなるとそこに住む人間もだんだん禽獣《きんじゅう》の類に近づいてくる。辺境は名目上中華皇帝の支配地なのですけれども、別に皇帝が実効支配はしない。皇帝に朝貢して、官命を受ける限りは辺境の王に「高度な自治」を認める。ただし、中華帝国から離脱して、独立しようとすると軍を送って、これを懲戒する。中国は「中華皇帝に朝貢して、臣下の礼をとる国」であれば、それがどんな国であるかを気にしない。その点がアメリカと少し違います。

アメリカもこれまで自国益になるのであれば、どんな非民主的な政権とでも同盟してきました。朴正熙《パクチョンヒ》の韓国、ゴ・ディン・ジエムのベトナム、マルコスのフィリピン、スハルトのインドネシア……、でも、心のどこかでは、アメリカの統治形態が「ベスト」のものだという信念を持っている。だから、イラクでもアフガニスタンでも非民主的な政権を倒せば、歴史的必然として民主主義的な政権が自生してくると思っていた節があります。

1991年のソ連崩壊のあと、フランシス・フクヤマが民主主義と自由経済が最終的に勝利し、平和と自由と安定がエンドレスに続くという「歴史の終わり」仮説を提示したことがありました。もちろんまったくの絵空事に終わったわけですけれど、それを知って青ざめるまでの間アメリカがこれを信じて国際政治にコミットしたことは揺るぎない事実です。このある種の「イノセンス」がアメリカの弱さであり、強さでもあると僕は思います。

中国は「中国みたいな国」で世界を覆い尽くす気はない。でも、アメリカは多少その気がある。そして、どちらの国も人類の運命が（すべてではないにしても、かなりの部分まで）自分の手に委ねられていると思っている。そのような歴史的使命を託されている「特別な国」だと思っている。その自負心はどちらも甲乙つけがたく持っている。

アメリカという国の弱さ

さて、それ以外の国からすると、米中のうちどちらが「世界の指導者」になる方が国益にかなうか。

アメリカが世界の指導者としての資格を失った理由の一つはコロナ対応です。このとき、アメリカには国際社会のリーダーとしてふるまう気がなかった。感染拡大が始まったときの大統領はドナルド・トランプでした。彼は「コロナはたいした病気ではない。すぐに治まる」と何の根拠もなく言い張り、まともな危機管理をしませんでした。そのせいでアメリカは初期に感染爆発を招き、世界最高レベルの医療技術を持つ国でありながら、世界最悪の感染者数・死者数を記録しました。

でも、これをトランプ個人の責任に帰することはできません。コロナ対策の失敗はそのままアメリカという国の弱さを露呈させているからです。

感染症を抑え込むには、国民全員が等しく良質の医療を受けられる体制を整備する必要があります。また、ワクチン接種、マスクの着用、集会の自粛などの行動制限を市民に課す必要があります。全市民に、その個人的属性にかかわりなく、「平等」の治療機会を提供すること。公権力が介入して市民的「自由」を制約すること。「平等の実現」と「自由の制約」なしには感染症は効果的に抑制できません。でも、これは多くのアメリカ人にとっては受け入れがたい要請でした。ですから、コロナをきっかけにアメリカが分断されたのは、当然といえば当然なのです。というのは「平等の実現」と「市民的自由の制約」はアメリカの建国理念の一部を否定することだからです。

「武装した市民」という国是

アメリカには「リバタリアン（libertarian）」といわれる人たちがいます。市民の個人的活動に対する公権力による介入を一切否定する人たちです。リバタリアンは自由自律を重んじます。ですから徴兵と納税に反対します。

軍務の強制は隷従の強制であるとリバタリアンは考えます。自分たちの身は自分たちで守る。いかなるできあいの暴力装置にも依存しない。ですから、例えば国が他国に侵略されたら、市民が武器を執って抵抗する。政府による命令に従うのではなく、自発的に組織された「武装せる市民（militia）」が自分たちのために戦う。戦いが終われば、ただちに市民生活に戻る。

アメリカの開拓時代や西部劇映画を観ると、戦争に自分の意志で参加する市民がいる一方で、「ちょっと家で用事ができたから」という理由で戦線を離脱する市民が出てきます。でも、別にそれを「非英雄的なふるまいだ」「非国民め」というような非難をする人は周りにはいません。みんな「あ、そうですか」といって、引き留めない。そもそも誰にも命令されず、自分の意志で、自分で調達した武器を手に、自分で組織した兵士たちを引き連れて戦いに来たわけですから、帰るのも自由。これは日本人にはなかなか理解しがたいふるまいだと思います。

アメリカの独立は常備軍によってではなく、自発的に銃を執った市民たちによって勝ち取られました。だから、国を守るのは行政府に属する軍隊ではなく、「武装した市民」でなければならないというのはアメリカの揺るがすことのできない国是です。銃犯罪の多発によって繰り返し法規制が求められていながら、憲法修正第二条が認める武器携行の権利がいまだに抑制されないのは、「市民の武装権」を否定するということは、建国の本義を否定することだという考えをする人たちがそれだけ多く存在するからです。だから、リバタリアンは徴兵制に反対し、常備軍に反対し、市民の武装権を支持します。

リバタリアンはもう一つ納税にも反対します。個人の経済活動に国家が介入すべきではない。徴税を私的財産権の侵害であるとみなすリバタリアンは税金による福祉サービスの提供にも反対します。税金は払わない。その代わりに、税金を原資とする行政サービスも利用しない。貧窮して、路頭に迷おうとも、公権力のお情けにはすがらない。潔く野垂れ死にする。

トランプはリバタリアンです。２０１６年の大統領選挙戦のときに、『ニューヨークタイムズ』は、トランプがその前年度に連邦税を７５０ドルしか払っていないことを報道しました。大富豪のはずなのに、信じられない税額でした。でも、トランプは「すべてのアメリカ市民はいかに税金を少なく払うかに日々腐心している。私はそれに成功するだけスマートだということだ」と言い放って、支持者の大喝采を浴びました。彼は病気を理由に徴兵も繰り返し逃れています。でも、トランプ支持者たちはこれを「卑怯」とか「臆病」というふうには解釈しません。リバタリアンなら当然のことだからです。「オレは戦うときは戦うよ。でも、人に命令されて戦うことはしない」そういう言い分が通るんです。

「リーダーシップ」では一歩先行した中国

そういう人が大統領になって、感染症対策の責任者になったわけですから、感染症が抑制できるはずがありません。「病気が治る」というのは自己利益の増大である。そうである以上「受益者負担」の原則に基づいて、その代価を払うべきだ。税金を使って自己利益の増大を求めるのは筋違いである。そう考える人がアメリカ国民の過半を占めているからこそ、いまだに国民皆保険制度が成立しない。

アメリカにはいまも無保険者が2750万人います。彼らは重篤な病態になっても、金がないので治療を受けることができません。一般の疾病だったら、「病気になるのは自己責任だ。公権力に支援を求めるな」という非情な言い分が通るかも知れません。でも、ことは感染症です。治療を受けられない人が国内に大量に存在していれば、そこが感染源になり、その患者たちの中で変異株が生まれる限り、永遠にパンデミックは終わらない。どこかで「全住民に良質の治療を平等に受ける権利」を保障しないと感染症に終わりは来ません。でも、リバタリアンは原理的にはそれを許すことができない。

本来なら、感染症対策というのは科学のマターのはずです。マスク着用やワクチン接種や行動制限は科学的知見に基づいて決定されるべきことのはずですが、アメリカではそうならない。いきなり政治信条の問題になる。「市民的自由に公権力は介入すべきではない」というリバタリアンの抵抗に直面することになる。

トランプのアメリカが国際社会に対する医療支援に無関心だったのも、それで説明できます。本来、コロナは国際社会全体の問題ですから、トランスナショナルな協力体制を確立することで初めて対処できる。でも、トランプは感染初期の2020年7月に「中国寄り」だという理由でＷＨＯからの脱退を宣言しました。バイデン政権に代わってから宣言は撤回されましたけれども、このときにアメリカはパンデミック対策で世界のリーダーシップを執る気がないということを国際社会は理解しました。なるほど「アメリカ・ファースト」とはこのことか。自分さえよければそれでいいのか、と。

一方の中国は初期には情報隠蔽で国際社会からきびしい批判を浴びましたけれども、途中からは潤沢な医療資源を活用して、医療崩壊のリスクに直面している国々への医療支援を行って、コロナを奇貨としての勢力圏の拡大に努めました。アフリカ諸国に対しても、債務免除をはじめ、医療、教育、ＩＴ分野での支援を約束しています。コロナの医療支援についてだけいえば、アメリカよりも中国の方が「リーダーシップ」においては一歩先行したようです。

「民主政のコスト」が軍事のアップデートを阻害する

パンデミックに限らず、中国のアドバンテージは完全なトップダウンだということです。習近平が下した指示が統治機構の末端まで遅滞なく示達されて、物質化する。前に出した指示とまったく違う指示が出ても、「前と話が違う」とか「現場が混乱する」とかいう理由で反対に遭遇するということがない。これほどの効率はアメリカには期待できません。

軍事がそうです。軍事のＡＩ化は米中両国の喫緊の課題ですが、これは中国にアドバンテージがあるといわれています。２０１７年ランド研究所の報告は「妥当な推定を基にすれば、米軍は次に戦闘を求められる戦争で敗北する」と結論づけています。同年、ジョセフ・ダンフォード統合参謀本部議長も「われわれが現在の軌道を見直さなければ、量的・質的な競争優位を失うだろう」と警告を発しています(1)。

とはいえ、軍人が「このままでは大変なことになる」という警告を発するときには額面通り取るわけにはゆきません。リスクを過大評価するのは軍人の本務の一部だからです。彼らが話を「少し盛る」のは当然なんです。「このままでまったく問題ありません」と太鼓判を捺しておいて見通しが外れたときの被害は「このままでは大変なことになる」といって過剰な投資をしたことの損失とは比較になりませんから。

中国はＡＩをはじめとする先端テクノロジーで世界一になるプロジェクトを進めています。共産党のトップがそう指示すれば、全統治機構も人民解放軍も大学も企業もそれに従う。これはアメリカでは期待できません。軍事のＡＩ化のために民間企業から研究者を引き抜くこともできないし、大学に研究を命令することもできない（助成金をちらつかせるくらいです）。

何より軍隊そのものがＡＩ化の抵抗勢力になる可能性がある。古いタイプの軍人たちは依然として大型固定基地、空母、戦闘機といったものに執着しています。それを維持することで軍は現に大きな利益を得ているからです。それがもう「時代遅れ」だということは彼らにもわかっている。でも、利権を手放す決意がつかない。

ＡＩ化というのは、これまでのようなハブ・アンド・スポーク的な中央集権的組織を解体して、軍を離散型・自律型ネットワークに切り替えるということです。それなら、中枢のハブが攻撃されて機能不全に陥っても、ネットワーク末端が生き延びて、攻撃体制を再構築できる。このシステムの方が、あきらかに復元力が強い。

でも、その軍略の切り替えは、伝統的な中央集権的な軍隊組織を「時代遅れ」のものとして廃棄することを意味しています。これに対する激しい抵抗が軍そのものから出てくるのは当然です。ですから、軍自身が軍のアップデートに抵抗するということがアメリカでは起きている。

兵器についても同じです。兵器産業は大量の在庫を抱えています。これを売りさばかないうちに次の最新兵器にシフトすると、それが不良在庫になる。F－35戦闘機やヴァージニア級潜水艦のような「時代遅れのレガシープログラム」の製品の場合は、日本に売って在庫整理をすることができますが、日本だって全部は買えません。ですから、兵器産業自身が自社の株価を維持するために軍事テクノロジーの進化を妨害するということが起こる。ワシントンのロビイスト、軍需産業を選挙区にもつ議員がこれに加担する。こんなことは中国では起こり得ません。でも、アメリカでは起こる。トップの決定に対して複数のレイヤーで「抵抗」が組織される。

でも、それはしかたがないんです。これこそが「民主政のコスト」だからです。広い国民的合意が得られないままに統治者が独裁的にふるまうことが許されない。アレクシス・ド・トクヴィルが『アメリカの民主政治』で指摘した通りです。まさにそれこそが民主政の「手柄」でもあるわけですが、とりあえずアメリカが軍事のアップデートにおいて中国に遅れているのは、アメリカが民主政の国だからです。

「前代未聞のイノベーティブなアイディア」が生まれる場

でも、長期的に見ると、アメリカには民主政ゆえのアドバンテージもあります。これまでのところ科学的発見では圧倒的にアメリカが中国を凌いでいるという点です。2021年までのノーベル賞受賞者国別ランキングでアメリカは394人で1位。中国は8人で23位です。ただし、中国の自然科学分野の受賞者5人のうち2人は米国籍の華人です。この大きなハンディはこの先も簡単には詰められないだろうと思います。

最大の理由は「前代未聞のイノベーティブなアイディア」を思いつき、語り、進化させる自由がアメリカにはあるけれど、中国にはないということです。中国の場合、それまでのテクノロジーを刷新するような新しいアイディアを一人の天才的な科学者が思いついたとしても、それが国家機密に指定されたら、この科学者はそれを学会で発表することもできないし、世界中の研究者仲間と語り合うこともできない。それで名声を得ることも、特許料を受け取ることもできない。すべては政府が管理する。

科学というのは、公共的な言論空間においてしか生き延びることができません。それについて自由に語り合うことができる場が絶対に必要です。自分の仮説を別のラボで追試したり、反証事例を出してくれる「科学者のコミュニティ」が存在することが科学性の必須条件です。カール・ポパーはこう書いています。

「われわれが『科学的客観性』と呼んでいるものは、科学者の個人的な不党派性の産物ではない。そうではなくて科学的方法の社会的あるいは公共的性格の産物なのである。そして、科学者の個人的な不党派性は（仮にそのようなものが存在するとしてだが）この社会的あるいは制度的に構築された科学的客観性の成果なのであって、その起源ではない。(2)」

ポパーは「科学性」をこう定義しています。「いまの中国では科学は成立しないだろう」という僕の予測はこのポパーの定義に基づいています。中国において自然科学は「公共的性格」を持つことが制度的に禁じられている。それは専一的に中国共産党の支配体制に貢献する以外の目的を持つことができない。むろん短期的にはその方が効率的にテクノロジーの進化に資すると思います。でも、本当の意味でのイノベーションはそういう「合目的的」な環境では起きません。テクノロジーの劇的なブレークスルーは、既存のシステムの受益者たちを何十万、何百万、場合によっては何千万人という単位で失業させたり、その技能を無価値化することがあります。そういうものです。グーテンベルクの印刷術がローマ・カトリックの一元支配を終わらせたように、蒸気機関車が馬車の御者や馬具商を失業させたように、Netflixが貸しビデオ屋を駆逐したように。既存のシステムを土台から揺るがしてしまうものだからこそ「ブレークスルー」と呼ばれる。でも、そういうことはいまの中国の統治システムにおいてはまず起こらない。予兆があった段階でたぶん潰される。

ですから、短期的には、国民監視テクノロジーやディープフェイクなどの技術で中国はしばらくの間世界標準を創り出すことができるでしょうが、長期的にはアメリカの創造力には勝つことができない。僕はそう見通しています。

中国がアメリカを抑えて世界の超覇権国家になろうと本気で思っているのだとしたら、どこかにタイムリミットがあります。アメリカが自然科学上のブレークスルーを起こして、現在の科学技術の基幹的分野のいくつかを「時代遅れ」のものにしてしまうより前に、アメリカに勝たなければならない。これはかなりきびしい時間制限です。

後手に回らざるを得ない台湾有事

中国はこのあとどういう世界戦略を展開することになるのか。このまま勢力圏を拡大し、一帯一路周辺国を勢力圏に繰り込み、新疆ウイグルの民族運動や香港の民主政を圧殺したように、次には台湾を武力制圧して、傀儡政権を作って事実上の併合を果たすのか。その場合に、米中戦争のリスクを冒すところまで踏み込むのか。

アメリカのメディアの論調を徴する限り、アメリカは台湾や尖閣諸島の領土問題で米中の全面戦争に踏み込む気はなさそうです。遠い太平洋の向こうの島嶼《とうしょ》の帰属にアメリカ国民の大半は関心がありません。地図の上で台湾と沖縄を区別できるアメリカ人がどれくらいいるでしょうか。仮にホワイトハウスが台湾への軍事介入を望んでも、議会は（特に共和党は）派兵に反対するでしょうし、イラク、アフガニスタンの失敗と、ウクライナ戦争の長期化に直面している米国民が「次の戦争」に積極的になるとは思われない。

でも、中国が台湾を軍事占領した場合、それは質の高い民主主義国家（台湾は「民主主義指数」で世界8位、アジアでは1位の国です）に住む2340万人が主権者の地位と市民的自由を奪われることを意味しています。ワシントンがこれを放置した場合に、アメリカの東アジアにおけるプレゼンスは一気に低下します。「アメリカが台湾を見限ったために、2340万人の自由な市民たちが主権と自由を失った」という評価が下された場合、アメリカ国内では「しかたがない」という消極的支持が得られたとしても、アメリカの華人社会はアメリカへの帰属感を深く傷つけられるし、国際社会におけるアメリカの威信は文字通り地に墜ちるでしょう。

ですから、アメリカは台湾では何も起きないままでいることを強く願っていると思います。でも、中国は違う。中国の国内世論は「台湾侵攻は早い方がいい」という意見が声高に叫ばれています。

凱風館の門人で、日本企業で働く台湾の人がいま上海に出向していますが、先日一時帰国したときに、中国人の同僚たちから「もうすぐ君の国も中国の国土になるね」と笑いながらいわれるという驚くべき話をしてくれました。

政府系のメディアの世論調査によると、中国の市民の70％が「台湾を統合するために武力を行使することを強く支持する」と答え、37％が「戦争になるなら、3～5年以内がベストだ」と答えています(3)。

実際にアメリカの軍事専門家も、中国はミサイル攻撃と空爆によって、台湾の主要インフラを破壊し、資源輸入を阻止し、インターネットアクセスを遮断する手段を有していると見ています。米国防総省が最近実施した図上演習では「台湾をめぐる米中の軍事衝突でアメリカは敗北し、中国はわずか数日から数週間で全面的な侵攻作戦を完了する」というシナリオが示されたそうです。[4]

ですから、台湾海峡で有事が起きるとすれば、その時期と規模を決定するのは中国政府だということです。中国のトップが「勝てる」と判断したときに軍事侵攻は起きる。アメリカも日本も韓国も、中国の決定を待つしかない。先手を打つことができない。問題が起きてから、それに対する最適解を考え始めるという致命的な「後手に回る」ことを余儀なくされている。

戦略とは「定数と変数を一致させる努力」

どちらにしても、アメリカと中国というプレイヤーがどうふるまうかによって、これからの世界の行方は決まってきます。僕たち日本人にできることは限られています。直接、両国に外交的に働きかけて彼らの世界戦略に影響を及ぼすということは日本人にはできません。日本自体が固有の世界戦略を持っていないのですからできるはずがない。できるのは、両国の間に立って、なんとか外交的な架橋として対話のチャンネルを維持し、両国の利害を調整するくらいです。それができたら上等です。

とりあえず僕たちにできるのは観察と予測くらいです。この二つの超大国がどういう統治原理によって存立しているのか、短期的な政策よりも、基本的にどのような趨向性を持っているのか、それをよく観察して、世界がこれからどういう方向に向かうのか、どのような分岐点が未来に待ち受けているのか、それを見るくらいです。

僕たちは素人ですから、米中国内でいま何が起きつつあるか、軍事的、外交的、経済的な最新情報についての知識は専門家にまったく及びません。でも、不断に更新される最新情報とは直接かかわりのないところで一貫性を維持して、その国の行方を決定している「戦略的思考」についてはそれなりの知識を有しています。

トルコの外相、首相であった国際政治学者アフメト・ダウトオウルは一国のふるまいを理解するためには「地理的歴史的深みの次元」に達することが必要だと書いています。ある国家・民族が何を感じ、何を考え、どうふるまうかを決定するレイヤーがあります。ダウトオウルはそれを「戦略思考」と呼びます。

「民族の戦略思考とは、文化的、心理的、宗教的、社会的価値世界も含む歴史的伝統とその伝統によって作り出され、それが反映された地理的生活領域の共同産物としての意識と、その民族が世界の上でいかなる位置を占めるかについての見方の産物である。（…）自民族の地理的位置を軸とする空間把握と、自己の歴史的経験を軸とする時間把握は、内政の方針と外交政策形成に影響する思考の下部構造である。[5]」（強調は内田）

言葉づかいはかなり晦渋《かいじゅう》ですけれども、要するに、現在の世界政治のアクターであるすべての政治単位は、それぞれに「自分は地理的にどこを棲息地と定めているのか」「自分はどのような歴史的召命を果たすべく存在するのか」についての深みのある集合的意識を「思考の下部構造」としているということです。

その下部構造（定数）と、その政治単位が採用している現実の政策（変数）とが合致すると、その集団は大きな力を発揮し、ずれるとさっぱり力が出ない。ダウトオウルはこの

「定数と変数を一致させる努力」のことを「戦略」と呼びます。どれほど軍事力があっても、経済力があっても、「戦略的に思考せず、戦略計画と戦略意志を強く一貫して行動に移さない国家は、国力を活かすことはできない(6)」。

国家の趨向性

僕はこのダウトオウルの意見に全面的に同意します。僕はダウトオウルが「定数」と呼ぶものを「趨向性」と呼んでいます。あらゆる国家、民族、集団は固有のコスモロジーに基づく、固有の趨向性を持っている。その趨向性と現実の政策が合致すると、爆発的な国民的エネルギーが解発される。合致しないと(政策そのものが外見的には整合的であっても)努力は虚しく空を切って、何の果実ももたらさない。

アメリカにはアメリカの趨向性(あるいは戦略)があり、中国には中国の趨向性(あるいは戦略)がある。それを見分けることができれば、彼らが「なぜ、こんなことをするのか?」、「これからどんなことをしそうか?」について妥当性の高い仮説を立てることができる。それがこれからこの本の中で僕が試みようとしていることです。

（1）クリスチャン・ブローズ「AIと未来の戦争」*Foreign Affairs Report*, 2019, No.6, p.25
（2）Karl Popper, *The Open Society and Its Enemies*, Volume2, Princeton University Press, 1971, p.220（カール・R・ポパー『開かれた社会とその敵』内田詔夫、小河原誠訳、未來社、1980年）
（3）O・S・マストロ「中国の台湾侵攻は近い――現実味を帯びてきた武力行使リスク」*Foreign Affairs Report*, 2021, No.7, p.28
（4）同記事、p.30
（5）アフメト・ダウトオウル『文明の交差点の地政学――トルコ革新外交のグランドプラン』中田考監訳、内藤正典解説、書肆心水、2020年、68-69頁。
（6）同書、25頁

第2章

自由のリアリティ

食い合わせが悪い「自由」と「平等」

当然ですが、アメリカと中国では、僕がよく知っているのは圧倒的にアメリカの「戦略思考」の方です。戦後日本はアメリカの軍事的属国であったわけですから、僕たち「属国民」は、生き延びるために、「宗主国」であるアメリカが何を考えて、何をしようとしているのかを知る必要があった。そのために僕はアメリカの小説を読んで、映画を観て、音楽を聴いてきました。

別に義務としてそうしていたわけではなくて、楽しかったからです。それに、後から思えば、アメリカの政治学者が書いた「アメリカ政治の本質」についての学問的論文よりも、アメリカ人の集合的な無意識的欲望が露出している「物語」の方が「戦略意志」についての情報量がずっと多かったからです。後知恵ですけれど。ですから、以下の論述における僕のアメリカについての知識はその大半が小説と映画から仕込んだものであることをあらかじめお断りしておきます。

アメリカ政治について語る場合にはまず「自由」と「平等」という二つの統治原理の根源的な葛藤というところから話を始めることになります。アメリカの政治の揺れ動きと、繰り返す国民の分断は、本来両立するはずのない二つの統治原理を並立させて建国してしまったことに由来します。

自由と平等は食い合わせが悪い。ですから、あるときは自由をめざし、あるときは平等をめざし、「あっちへふらふら、こっちへふらふら」と蛇行するのが、アメリカ政治の「常態」なのです。

と言い切ってしまいましたが、どうしてそういうことが自信たっぷりに言えるのか、みなさんは得心がゆかないでしょうから、具体的なエピソードをいくつか積み上げて、だんだんと本質的な議論に踏み込んでゆきたいと思います。

つねに「始原の問いに立ち戻る」アメリカ

アメリカはたぶん「自由であることの価値」が世界で最も高く評価されている国の一つだと思います。でも、それがいささか度を越している。それは建国の事情がかかわっているということを前に書きました。アメリカ合衆国は「武装した自由なる市民」が自発的に銃を執って立ち上がって建国した国です。西欧ではフランスも英国もそれぞれ市民革命を経験していますけれど、市民革命で支配者を倒した人たちが、その勢いのまま憲法を制定し、建国の父たちがゼロベースで制度設計した統治システムが大筋では変更されることなく今日まで続いている国はアメリカ以外にはありません。

ですから、アメリカ人は現実的な問題に遭遇する度に、そのつどつねに「われわれは建国の時点において、どのような国を創ろうとしたのか、どのような市民であろうとしたのか?」という始原の問いに立ち戻ることになります。始原の問いに立ち戻ることができます。何か大きな国難的危機や、国論の分裂に遭遇するごとに、国民がそのつど帰趨的に参照すべき「原点」が存在する。これは他の国ではまず見ることのできないことです。

例えば、フランス人が現実政治の難問に直面したときに、全国民が立ち返る「政治的原点」があるでしょうか。僕は「ない」と思います。ある人はフランス革命が原点だと思い、ある人はパリ・コミューンが原点だと思い、ある人はドゴールのパリ解放が原点だと思い、ある人は五月革命が原点だと思う。

英国人に訊いてもたぶんばらばらだと思います。マグナカルタが制定されたときだという人もいれば、チャールズ一世が斬首されたときだという人もいれば、ドイツとの戦争に勝ったときだと思っている人もいる。全国民が何かある度に立ち戻るべき「あのとき」について共通の了解を持っている国は、世界広しといえどもたぶんアメリカしかありません。これは考えてみたら、まことに稀有なことです。

日本人のことを考えてください。何か難問がある度にそのつど帰趨的に立ち返るべき「肇国《ちょうこく》の原点」などというものが果たして全国民に共有されているでしょうか。「オレは天孫降臨のときだと思う」という人もいれば、「やはり大化の改新だろう」という人もいれば、「明治維新だ」という人もいれば「敗戦のときだ」という人もいる。別にどれが良い悪いということではなくて、「日本人はどういう国を創ろうとしたのか、どういう国民であろうとしたのか」についての国民的合意がないということです。なくて当然なんです。そんなもの、ふつうはどこもないんですから。でも、アメリカにはある。

「よいアイディア」が強い現実変成力を発揮させる

1776年の独立宣言に「アメリカはどういう国であるべきか、アメリカ人とはどういう国民であるべきか」が書いてあります。その規定がいまも生きている。もちろん、２５０年前の文言ですから、解釈はいろいろ変わります。でも、どれほど解釈が変わっても、それが一字一句ゆるがせにできない「聖なるテクスト」の釈義であることに変わりはありません。

独立宣言の11年あとにアメリカ合衆国憲法が制定されますが、独立宣言の精神がどういうふうにして憲法に書き込まれたのか（あるいは訂正されたのか、削除されたのか）についてのプロセスもアメリカ人にはわかっています。アレグザンダー・ハミルトンたちが執筆した『ザ・フェデラリスト』という書物を読めば、どういう論争を経由して、憲法がいまの文言に落ち着いたのかがよくわかります。

でも、日本の場合はどういう経緯で憲法の文言がいまあるようなものになったのか、よくわからない。最も論争になる九条二項にしてからが、誰が言い出したのか（幣原《しではら》喜《き》重郎《じゅうろう》なのか、マッカーサーなのか、ケーディスなのか）確定していない。史料的には確定可能なのだと思いますが、九条二項を「アメリカの押し付け」だと主張している政治勢力が久しく政権政党なので、史料的な確定そのものが阻害されている。日本国民全員がその政治的立場にかかわらず「事実関係については争わない」足場になるような憲法制定過程についての共通了解が存在しない。そうである以上、「この条文に、その時点で、日本国民は何を託したのか？」という根源的かつ生産的な問いがいつまで経っても始められない。

もちろん「その時点で日本国民は何を託したのか？」という問いに対して単一の回答はありません。当然、いろいろな見解が並立する。でも、それでいいんです。というか、それがいいんです。そういう問いを立てている限り、最終的には（ダウトオウルがいうように）提示された複数の「日本国民」像のうち、最も深く「地理的歴史的アイデンティティー」に達し得たものが最も強い求心力を発揮するはずだからです。それを競えばいい。

僕たちが帰趨的に参照すべき「日本国民」なるものは、過去に実在したわけではなく、これから先の現実を変成する強い指南力を持つものだからです。わかりにくい言い方をすれば、それは「未来に投影された過去」です。「自分の原点に立ち戻ろう」という言い方をすることによって「未来を切り拓ける」ように設定されたセルフイメージのことなんですから。という説明をしてもなかなかわかりやすくなりませんね。

アメリカだって、建国以前から「アメリカ国民」がいたわけではありません。英国からの植民地の独立を果たしたあとに、「英国からの独立という偉業を果たし得た植民地人」はどういう人たちであったのか（あるべきなのか）という回顧的・事後的な仕方で形成されたセルフイメージです。その時点で採択された一つの「アイディア」です。

「アメリカというのは一つのアイディアなんだ」というアメリカ人作家の言葉をどこかで柴田元幸さんが紹介していましたけれど、本当にそういうものだと思うんです。アメリカというのは一つのアイディアであって、アメリカ人というのも一つのアイディアである。いくつかのアイディアのうちで、全国民をとりこぼしなく統合し、彼らに強い現実変成力を発揮させるものが「よいアイディア」として採用される。

「国民的なヒーロー」像

アメリカ人が長期にわたって理想としてきた男性像があります。Self-made man すなわち「自分自身を自力で作り上げた男、独立独行の男」です。例えば、アメリカ独立時代の最初期のヒーローであるダニエル・ブーン（Daniel Boone, 1734–1820）がそうです。

１７３４年にペンシルヴェニアに生まれた冒険家、開拓者であるこの男は少年時代から銃の名手として知られ、フレンチ＝インディアン戦争を英国側で戦い、前人未踏のアパラチア山脈を越えて、ケンタッキーへの「荒野の道」を切り拓き、ブーンズボロを建設した開拓者です。独立戦争ではミリシアとして戦い、独立後はヴァージニア議会の議員にも選ばれました。晩年にさらなる機会を求めてミシシッピ川を越えて、ミズーリ開拓の先鞭をつけました。

彼について後世語り継がれた逸話の多くは大法螺（tall tale）ですけれども、印象的なのはケンタッキーからミズーリに移住を決めたときの台詞です。

「人が多すぎる。俺は肘を伸ばせる場所が欲しい（I want more elbow room)」。

そうやってミズーリに移った2年目には「ヤンキーが近くに来て、気分が悪い」と愚痴を言い出しました。「俺の家から100マイルのところまで来やがった」。

ダニエル・ブーンのこの幻想的なパーソナルスペースの巨大さに建国期のアメリカ人は偏愛を示しました。実際のダニエル・ブーンは家族や仲間を連れて、ぞろぞろと移動し、最期は孫たちに囲まれて、医者に看取られて死んだのですが、人々は「彼は撃鉄を起こしたライフルを木に立てかけ、膝をついて死んでいた」という孤独死の虚偽を流布することを選びました。

パーソナルスペースの巨大さではポール・バニヤンに勝てるアメリカン・ヒーローはおりません。なにしろ身長8メートルの巨漢の樵《きこり》なのです。泣くと涙が溜まってグレート・

ソルト湖になり、何気なく岩山を斧で叩いたらそこがグランド・キャニオンになり、飲料水を貯める池を掘ったら五大湖になる……そういうアメリカ人の大好きな「トールテイル」の主人公です。ポール・バニヤンも巨大な男ですが、家族はいません。相棒はベイブというこれまた巨大な牛だけ。

それからデイヴィー・クロケット（David Crockett, 1786–1836）がいます。映画『アラモ』でジョン・ウェインが演じていました。ビーバー帽をかぶり、フリンジのついた鹿革服を着た巨漢です。テネシーの生まれの猟師で、アンドリュー・ジャクソン将軍麾下《きか》でインディアン相手の戦闘で軍功を重ねて、ミリシアの連隊長（大佐）に選出されました。その民衆的な人気を背景に１８２１年、35歳でテネシー州議会の議員に選ばれ、のち連邦下院議員に当選し、33年には大統領選出馬の可能性さえ噂されました。下院議員選に落選したあとテキサス独立戦争のアラモの戦い（１８３６年）に参戦し、圧倒的多数のメキシコ軍と戦って死に、死後国民的英雄となりました。

クロケットは自ら「無学な野人」ぶりを強調しました。「半身は馬、半身は鰐」というのが彼の自称するところでした。東部のインテリと都市文明を敵視し、自然人らしい無作法と暴力性と独特の人懐《ひとなつ》こさで有権者に愛され、彼らから「自分たちの代表」と担がれて、クロケットは華々しい政治的成功を収めました。

彼はまたインディアンや黒人奴隷に対する激しい人種的偏見を隠しませんでした。アメリカン・ヒーローの列伝を記した研究で亀井俊介はこう書いていました。

「彼のこのすさまじい人種的偏見に（…）当時の人びとの屈折した奥地人観の反映を見ることもできるのではなかろうか。世間一般の常識人が自分ではあらわしえぬような偏見、怨念を、粗野で一途なクロケットは実行に移す役を負わされたのだ。こういう暗澹たる意味でも、彼は大衆の夢の化身だったというべきだろう(1)。」

無教養、豪胆、暴力性、東部のエスタブリッシュメントに対する激しい不信、剥き出しの人種差別、性差別、そしてある種のイノセンスとおおらかな人柄……これがデイヴィー・クロケットの伝説的な人気をかたちづくりました。こう列挙すると、これが現代アメリカにおいてもポピュリスト政治家たちのイメージ戦略そのままであることがわかります。

クリント・イーストウッドはある時期から（たぶん1986年の『ハートブレイク・リッジ』から）「無学で、暴力的で、セクシストで、レイシストだと思われて家族からは嫌われているが、実は無垢で善良で真の英雄であることが危機に際会した時にわかる」という役ばかり演じるようになりました。いろいろな役を演じたあとに「国民的なヒーロー」になるための設定はこれだということに思い至ったのかも知れません。

「期間限定的」な職業だったカウボーイ

アメリカにだけ存在して他国にない「アメリカン・ヒーロー」といえばカウボーイです。実際には猟師や農夫や金鉱掘りなどさまざまなタイプの人間が西部開拓にはかかわったわけですけれども、最終的に西部開拓の代表的アイコンに選ばれたのはカウボーイでした。

これはだいぶ以前に町山智浩さんから伺った話ですが、カウボーイというのは実際にはごく短期間しか存在しなかった職業で、その総数も決して多くなかったそうです。

西部で大規模な牧畜事業が始まっており、大量の牛肉を消費する都市住民がおり、かつまだ鉄道が整備されていなかったので牛を連れて数千キロの旅をしなければならなかった……という三つの条件をすべて満たすのは、おおよそ南北戦争が終わった１８６５年から、大陸横断鉄道が敷設されて「フロンティアの消滅」が宣言される１８９０年までの25年間です。カウボーイというのはその意味で「期間限定的」な職業だったのです。

ジョン・チザム（John Chisum, 1824–1884）はニューメキシコで牧場を経営していた人物です。1万頭の牛を引き連れた彼の〝ロング・ドライブ〟（1865年）の冒険譚が広く語り継がれ、のちにハワード・ホークス監督の『赤い河（*Red River*）』（1948年）になりました（この映画でチザムをモデルにした牧場主を演じているのはジョン・ウェイン）。

でも、〝ロング・ドライブ〟が必要だったのは鉄道が整備されていなかったからで、鉄道が通ると不要になります。ですから、「地の果てまで埋め尽くすような牛の群れを追って長い旅をするカウボーイ」というものはごく短期間に、限定的な地域にしか存在しなかったのです。

それにカウボーイは捕鯨船の乗組員と同じで、危険で給料の安い最下層の労働でしたから、主力は移民たち（とおそらくは家郷を失った旧南軍兵士）だったはずです。メルヴィルの『白鯨』に出てくる銛打ちたちは南太平洋出身のクィークェグ、インディアンのタシテゴー、アフリカ生まれの黒人ダッグーという印象深い三人ですが、たぶんカウボーイたちの人種構成もそれに似たものだったろうと思います。でも、西部劇映画のカウボーイには黒人も、インディアンも、中国人も決して出てきません。

テンガロンハットをかぶり、ブーツを履き、ガンベルトを腰に巻いた黒人が西部劇に登場するのを僕が最初に観たのは（そしてびっくりしたのは）ロレンス・カスダン監督の『シルバラード（*Silverado*）』（１９８５年）でダニー・グローヴァーが演じたガンマンが最初です。カウボーイスタイルをした中国人をスクリーンで見たのはさらに15年後の『シャンハイ・ヌーン（*Shanghai Noon*）』（２０００年）のジャッキー・チェンが最初です。現実には存在したはずの黒人カウボーイ、中国人カウボーイが西部劇のスクリーンからは久しく排除されていた。どうしてなのか。それは20世紀初めのある時点で、カウボーイを「アメリカ的男性のロールモデル」にするという暗黙の集団的合意があったから、というのが僕の仮説です。

「カウボーイ」という理想的国民像

アメリカ最初のヒット西部劇は１９０７年から16年にかけて製作された『ブロンコ・ビリー』シリーズです。映画はシカゴで撮影され、主演したギルバート・Ｍ・アンダーソン（Gilbert M. 'Broncho Billy' Anderson, 1880–1971）はのちに「映画カウボーイの父（father of the movie cowboy)」と呼ばれました。でも、彼はニューヨーク出身のユダヤ系のボードビリアンで、乗馬も射撃もできませんでした。のちにカウボーイ像の原型となった〝ブロンコ・ビリー〟はまるごと想像の産物だったのでした。

実物のカウボーイがスクリーンに登場したのは1910年代になって映画製作の拠点が西海岸のハリウッドに移って以降です。ハリウッド最初の西部劇スター、トム・ミックス(Tom Mix, 1880–1940)は元保安官で、ワイルド・ウェスト・ショーのスターだったという「ほんものの西部男」でした。映像を観ると、彼は馬の乗りこなしも投げ縄術もみごとなものです。彼に続いて、鉄道網の整備によって職を失ったカウボーイたちがどんどん西部劇に参入してきました。乗馬術と銃の扱いを知っている人たちがエキストラとして大挙スクリーンに登場してきた。それによって西部劇はいきなりリアリティを持つようになりました。

でも、黒人やインディアンや中国人はそれから70年近くカウボーイとして銀幕に登場することがありませんでした。別にフィルムメイカーの側に歴史を修正しようとする邪悪な意思があったわけではなく、単に白人の方がエキストラの「就職機会」で優遇されただけかも知れませんが、その結果、地域限定的にしか存在せず、雑多な人種から形成されていた最下層労働者である「カウボーイ」がアメリカ人の無意識的な欲望を盛り込まれた幻想的なアイコンになった。

アメリカの中西部にはいまもピックアップトラックのバンパーに南軍旗のステッカーを貼り、テンガロンハットをかぶり、カウボーイブーツを履いて、バドワイザーを飲んで、マールボロを吸う定型的な「コスプレカウボーイ」が存在するみたいです（映画やドラマでしか見たことないですけれど）。それだけこのアイコンの幻想的な喚起力は強いということなのだと思います。

西部劇映画を通じて広まったイメージとしてのカウボーイそれ自身が現実と乖離した想像上の産物なのですから、そこにどのような性格規定を与えるのも自由です。そして、ある種のアメリカ人たちはそこに「リバタリアン」の理想を投影しました。故郷を持たず、いかなる集団にも帰属しない独立独行の人。宵越しの金は持たず、妻も子もなく、トラブルの解決は司法に委ねず、自分の拳か銃でけじめをつける。そして、英雄的な行為のあとに黙って荒野に消え去る。そういうタイプの男を「理想像」に仕立てた。

どんな国民も、それぞれ固有の「理想的国民像」を有しています。別に全国民がそれに従って自己造形するというわけではありませんが、でも「そんなものオレは気にしないね」という場合でも、できあいの「理想的国民」と自分の隔たりを意識することは止められない。

「未開の荒野を切り拓いた男たち」と「後からやってきた奴ら」

『リバティ・バランスを射った男（*The Man Who Shot Liberty Valance*）』（1962年）という西部劇映画があります。監督は名匠ジョン・フォード。ここでもジョン・ウェインが「典型的にカウボーイ的な男性」であるトム・ドニファンを演じています。誰にも頼らず、いかなる組織にも属さず、すべてのトラブルは自力で拳か銃で解決する。それに対して東部からやってきた弁護士ランス（ジェームズ・スチュアート）はこの町に法に基づく秩序をもたらし、州昇格運動を主導しようとします。それを妨害するのが悪漢リバティ・バランス（リー・マーヴィン）です。リバティの圧倒的な暴力の前に条理を説くことの虚しさを知ったランスはついに銃を執ってリバティとの決闘に臨む……。そして、決闘に勝って「リバティ・バランスを撃った男」という名声を得て、議員に選ばれ、州知事になり、ついに副大統領候補の上院議員にまでキャリアを積み上げます。

でも、実はこの映画はそういうハッピーエンドの話じゃないんです。映画は倒叙法で、功成り名遂げた老ランスがトムの訃報を聴いて町に戻るところから始まります。実は決闘のときに、まったく銃が使えないランスのためにリバティ・バランスを撃ったのはトムだったのです。トムは「法による秩序」をもたらすのは法ではなく銃だという逆説を理解していたリアリストでした。ですから、「リバティ・バランスを撃った男」の名誉をランスに譲ることで時代を「暴力による支配」から「法の支配」のフェーズに切り替えようとしたのでした。

ランスは映画の最後で、新聞記者たちに「私は本当はリバティ・バランスを撃っていない。撃ったのはトムだ」と告白して、無名のまま死んだ旧友に本来彼のものであるべき「名誉」を戻そうとするのですが、周りはそれを許しません。地元紙の編集長はランスのインタビューを綴ったメモをストーブに放り込みます。こんな話は報道できませんなと彼は言い放ちます。「西部では伝説が現実を作るんです。あなたがもし『リバティ・バランスを撃った男』という世評を負っていなかったら、あなたはおそらく知事にも議員にもなっていなかったでしょう」。

なかなか含蓄の深い映画だと思いませんか。カウボーイ的な野生の人は西部開拓の時代が終わると、その歴史的役割を終えて、舞台からの退場を余儀なくされます。でも、実際に次の時代の幕を開いたのは実はこの「西部の男」であり、次世代のヒーローになった都会の男も「西部の男」から贈与された英雄的イメージの余沢に浴すことでしか政治的キャリアを形成できなかった……すべては「西部の男」が成し遂げたことなのだけれど、その功績は誰も知らない。そしてトムは「その功績を歌われることのない英雄（unsung hero）」として無名の死を死ぬ。

ずいぶん屈折した映画だと思います。「歌われざる英雄」の偉大さを朗々と謳い上げるんですから。本当に額に汗してアメリカを作った人間たちはいつの間にか歴史の舞台から退場させられて、「後からやってきた奴ら」がまるで自分の力でアメリカを作ったような顔をしてのさばっている。ふざけた話だぜ。そういう怨恨の思いを抱えている人たちがたぶんアメリカには数千万という単位で存在するのでしょう。

この「最初に未開の荒野を切り拓いたあと消えてゆく男たち」と「後からやってきた奴ら」の間の対立と葛藤というのもまたアメリカの西部劇映画の主要なテーマでした。

「囲い込み」に抵抗したカウボーイたち

「切り拓いた者」と「後から来た者」の非妥協的な対立を描いた作品が『シェーン（*Shane*）』（１９５３年）です。映画の舞台は南北戦争直後のワイオミング。物語の背後には１８６２年にリンカーンが発令した「ホームステッド法（自営農地法）」という法律があります。公有地に定住して、５年間耕作に従事した者には１６０エーカーの土地を無償で贈与するというまことに気前のよい法律です。この法律を知って、自営農になるチャンスを求めて、ヨーロッパから大量の移民が入植してきます。アメリカにとっては農牧業を発展させ、西部開拓を一気に進めることは国家的急務でしたし、荒野を農地に替え、大量の生産者消費者を生み出すことはアメリカ資本主義の悲願でもあったのです。

『シェーン』はその時代の話です。流れ者のガンマン、シェーン（アラン・ラッド）が逗留することになった農夫スターレットとその仲間たちは「ホームステッダー」です。字幕では「農夫」となっていますけれど、映画の中ではそう呼ばれています。ヨーロッパから自営農になる機会を求めて新大陸にやってきた「ニューカマー」たちです。

彼らと敵対するのは、久しくこの土地で牛の放牧をしてきたライカー一家です。荒野を切り拓き、過酷な環境に耐え、インディアンと戦い、ようやく人間が暮らせるような場所にしたのはオレたちだという自負を持つカウボーイたちです。そこにある日移民たちがやってきて、土地を囲い込んで、「私の土地に牛を入れるな」と言い出した。これでは剣呑な事態になって当然です。

土地は誰のものなのか。共有すべきものなのか、分割して私有すべきものなのか。この問いに資本主義は即答しました。土地の生産性を上げるためには、すべてを「私有地」化して、「立ち入り禁止」にした方がよい。そうすれば、地主たちは、自分たちの私有地から最大の価値を引き出すために必死になって働くだろう、と。この推論は資本主義的にはまことに正しいものです。でも、それではそれまで「放牧権」を享受して、公有地を自由に往き来していたカウボーイたちの行動の自由を大幅に制限することでした。

スターレットの農場で働くことになったシェーンが最初に雑貨屋に買いに行ったのは有刺鉄線でした。ワイオミングの緑の草原に杭を打ち、有刺鉄線を張って、猫の額ほどの私有地を「囲い込む」のがシェーンの最初の労働でした。これは審美的にもあまり美しいものではありません。ですから、カウボーイたちがその「仕切り」を乗り越えて農場に踏み込むのは、「いやがらせ」であると同時に、「土地は私有すべきものではなく、誰でも自由に往き来できるパブリックな空間であるべきだ」という彼らなりの土地意識の表明でもあったのです。

シェーンの英雄的な戦いによって、非道なカウボーイたちは全員殺され、資本主義の発展に逆らう者たちは予定通り歴史の彼方に姿を消します。けれども、彼らを撃ち殺したシェーンもまた（『リバティ・バランスを射った男』におけるトムと同じく）、自分が幕を開いた近代資本主義社会の中には居場所がありません。荒野に去り、「歌われざる英雄」としての孤独死を迎えるしかない。

これもまたずいぶんと含蓄の深い映画だと思いませんか。アメリカの近代を血と汗を流して創り出した人々は、そのあと自分たちが創造した社会から「お払い箱」を宣告されて、生業を失い、居場所を失い、荒野に放逐される。「本当のアメリカ人」はつねにそういう悲劇的宿命を生きる。

このストーリーパターンはたぶんいまでも多くのアメリカ人に深い感動を与え続けていると思います。そして、ある種の政治的運動にも心的なエネルギーを備給している。2016年の大統領選挙でトランプに支持を与えた「ラストベルト」の人々や、2021

年1月6日の連邦議会に侵入した人々を衝き動かしていた情念はこの物語に培養されたものではないかと僕は思っています。

（1）亀井俊介『アメリカン・ヒーローの系譜』研究社出版、1993年、127-128頁

第3章

宗教国家アメリカの「大覚醒」

宗教国家アメリカの民主政

アメリカはきわめて宗教的な国です。それは誰でも認めることです。アメリカがヨーロッパ諸国に比べても際立って宗教的な国であることは、アメリカ建国の半世紀後にこの地を訪れたトクヴィルがこう証言しています。

「アメリカはいまなお、世界中でキリスト教が人間の魂を動かす力を最も強く保っているところである。[1]」

なぜキリスト教がそれほど強い道徳的指南力を持っているのか。それについてトクヴィルは、それはアメリカが民主政の国だからであるという独特の解釈を下しています。

「専制には信仰がなくてすむが、自由（の体制）ではそうはいかない。宗教は、彼らの愛する共和政において、攻撃の対象である君主政においてよりはるかに必要である。

（…）政治的な紐帯がゆるむ一方で道徳的な紐帯が固くならないとしたら、社会はどうして破滅を免れることができよう。人民が神に服さなければ、人民を主権者にするには、いったいどうすればよいのか。[2]」

民主政の法律は市民たちに最大限の自由を保障します。市民たちの判断を最大限尊重する。ですから、もしも彼ら一人ひとりが自己利益の追求を最優先して、公益や公共的秩序の維持を顧慮しなければ、「社会はどうして破滅を免れることができよう」というのはまさにそのとおりなのです。民主政は市民たちに外形的な強制によってではなく、内面化された倫理によって公共的にふるまうことを求める。それを「民主政は市民たちに市民的成熟を求める」というふうにいうこともできますし（僕はそのような言い方を好みます）、トクヴィルのように「民主政は市民たちに自発的に宗教的であることを求める」というふうにいうこともできる。どちらの場合でも、市民たちに「公共的であれ」ということを命じるのは法律や政治的強制ではなく、内面の声でなければならないということです。

「法がアメリカ人民にすべての行為を許すと同時に、宗教は、人民の思考に一定の枠を与え、行動の無制限な自由を禁止する。(3)」

それゆえに逆に政治と宗教はその生息域を截然《せつぜん》と切り分けられています。アメリカには宗教政党はありません。聖職者は政治的抗争に巻き込まれないように慎重にふるまっています。なぜなら、政治の世界は激しく変化するからです。一政党が安定的に政権の座を守り続けるということは期し難い。アメリカでは4年ごとに大統領が替わり、2年ごとに新しい議員を選び、そのつどより革新的な政治家に未来を託す傾向があります。ですから仮にある宗教政党がひとたび政権を獲得したとしても、政争の中で、激しい攻防にさらされます。

「もし、この人々が宗教を政治の世界の外に置かなかったら、それは、人間の思潮の干満の中で何に支えを見出しえようか。政争のさなかで、宗教にふさわしい尊敬はどこにあろう。周囲のものみなが滅びるときに、その不滅性はいったいどうなるのか。アメリカの聖職者は他にさきがけてこの真理を見てとり、行動をこれに従わせた。政治的な力を得たいと思うなら、宗教的な影響力は断念しなければならぬと悟って、権力と運命を共にするより、権力の支持をうけないほうがよいと考えた。[4]」

これは今日のアメリカの政治と宗教の関係を考えると「ずいぶん遠くまで来てしまった」という嘆息なしには読めない箇所です。いまのアメリカは政治家が宗教の支持を求め、宗教者は政治家と運命を共にすることを恐れないという「非アメリカ的」な宗教状況にあるからです。でも、これはまさにトクヴィルがヨーロッパの宗教状況の欠陥とみなしていたものに他なりません。ヨーロッパでは、キリスト教は権力と結びつくこと、権力を利用することを自らに許しました。それゆえ、市民的自由を求める人々はしばしばはげしく宗教者を批判します。でも、それは宗教上の対立ゆえではなく、彼らを政敵とみなすからです。

「信仰を憎むのは、誤った信仰としてより、政派の意見としてである場合がはるかに多い。聖職者が排撃されるのは、神の代表というより、権力の友だからである。[5]」

これはやがて政教分離を達成する以前の19世紀初めのフランスの政治と宗教の関係を記

述した文章としてはまことに正確なものですが、僕たちが驚くのは、それがほぼそのまま21世紀初めのアメリカにおける政治と宗教にも当てはまるということです。この事実に、現代のアメリカ人はどれほど自覚的なのでしょうか。アメリカは建国から250年かけて、「政教分離以前の段階」に退行してしまったのかも知れないというのに。

イーストウッドと「大覚醒」運動

アメリカは建国当初から宗教的な国でした。もともと英国から新大陸にやってきた人々は、そこに「神の国」を建設するという強烈な宗教的使命感を持っていました。ニューイングランドに入植した初期のピューリタンたちはそこにまず教会と学校を建てました。ある史家はこう伝えています。「真夜中のオオカミの遠吠えがまだ村はずれから消えないうちから、こんな野生のなかでも若者がすぐにアリストテレスやツキディデス、ホラティウスやヘブライ語聖書の研究にとりかかれるように準備をしたのである(6)」。

ハーバード大学の初期の卒業生はその半分が牧師になりました。この知性に対する過剰な意味賦与に対する鋭い反動が18世紀半ばから何度も間歇的にアメリカを席捲した反知性主義の運動、「大覚醒（The Great Awakenings）」です。

植民地開拓が進むにつれて、入植者たちは荒野を切り拓いて、奥地へ奥地へと進みますが、伝統的な教育を受けた牧師たちは、東海岸の牧師館に腰を落ち着け、信者相手に定型的な説教を繰り返し、新たに登場した無学な民衆の宗教的エネルギーを受け止めようとしませんでした。大覚醒はそのような民衆の宗教的な渇望に呼応して登場したものです。

１７２０年代に始まる大覚醒の最初期の伝道師たちは、それまでのピューリタンの牧師たちの学術的で抑制のある語り口とはまったく違う、聴衆の感情に直接訴えて回心を求める説教をしました。会衆たちは説教を聴いているうちに宗教的恍惚にとらえられ、絶叫し、悲鳴を上げ、地にひれ伏し、のたうちまわるという、それまでの教会では見ることのできなかった感情的な反応を示しました。

「かなり移動のはげしい流動的な社会、あるいは教会をもたない非常に多くの人びとを信仰に導かなければならない社会にあっては、諸教派の基本的目標は回心者をふやすことで、その他の責務はすべて副次的なものだった。」(7)

伝統的な説教スタイルではこの民衆の宗教的エネルギーを解発することはできない。そう直感した宗教者たちは「人びとを最初にキリスト教に帰依させたもの、つまり一種の原始的で情緒的な訴えを復活させること」を選びました。(8)

この伝道師たちは無学であること、聖書以外の書物を読んだことがないこと、場合によっては文字さえろくに読めないことを堂々と認めました。でも、この野性的な宗教家たちは間違いなく、およそ文化らしいものが存在しない開拓地で、「教会を持たない非宗教的な人びと、教会で聖化されない『結婚』と節度のない生活、過度の飲酒、野蛮な喧嘩と絶えず戦った」のです。(9)

クリント・イーストウッドの映画『ペイルライダー（*Pale Rider*）』（１９８５年）でイーストウッドが演じるのは旅の牧師です。最初観た時には、すご腕のガンマンの牧師という設定に「無理があるんじゃないか」と思いましたけれど、こういう牧師は実在したみたいです。メソディストの宣教師だったピーター・カートライトはナイフや鞭を手にして説教の妨害にくる無法者たちを撃退するために戦うのも牧師の仕事の一部だったと書いていますから。(10)

スター説教師の伝道活動

大覚醒運動は三次にわたって行われました。宣教師たちに求められたのは、なによりも会衆をひきつける話術とパフォーマンスでした。そうして、「スター説教師」たちが続々と生まれます。チャールズ・フィニー（Charles G. Finney, 1792–1875）、ドワイト・L・ムーディ（Dwight L. Moody, 1837–1899）、ビリー・サンディ（Billy Sunday, 1862–1935）と続く系譜がそれです。

フィニーの武器は「鋭くみつめられるとしびれるような、強烈で狂気をおびた預言者の目」でした。彼の説教を聴くと「あちらでもこちらでも、会衆は椅子からくずおれ、慈悲を求めて叫んだ[11]」。

もっとも活動的だったのは初期メソディストの巡回牧師たちです（すさまじい嵐の夜には「こんな夜に外にいるのは鴉かメソディストの説教師くらいだ」という言い方があるくらいに彼らは不撓《ふとう》不屈《ふくつ》だったのです）。1775年に3000人だったメソディストはその80年後に信徒150万の大会派になりましたが、その成功をもたらしたのは何千人もの無学だが宗教的熱情あふれる牧師たちの献身的な布教活動でした。「そのうち一般的な英語教育以上の教育を受けているのは、おそらく五十人もいないだろう。その教育すら受けていない者も多い」とあるメソディストの牧師は誇らかに語っています[12]。

その後に、L・ムーディが登場します。靴の卸業者として成功したあと、宣教活動に転身したムーディは英国での伝道活動に２５０万人を動員し、帰国するや名声の絶頂を迎え、以後25年間にわたり全米で伝道活動を展開しました。ムーディはばりっとしたスーツで登壇し、１分間２２０語語るそのすさまじい早口とオルガンと数百人のコーラス隊の迫力によって、巨大な会堂の聴衆を一挙に救済に導く技術においてこの時代最高のパフォーマーでした。

ムーディに続くのが19世紀末から１９３５年にかけて圧倒的なポピュラリティを獲得し（１９１4年に「アメリカでもっとも偉大な人物」投票で第8位になった）たビリー・サンディです。彼はジャズバンドを引き連れ、ストライプのスーツ、ダイヤのタイピン、ぴかぴかのスパッツ姿で登場して、巧みな弁舌と曲芸あり音楽ありのステージパフォーマンスで会衆を魅了しました。彼の説教はあまりに人が集まったので、既存の教会では対応できず、しばしば「大講堂」が彼の説教のために建設されたほどでした。そうやって大量に回心させた信者から彼は一人当たり「回心料」２ドルを徴収して巨富を築いたのでした。

レヴィ＝ストロースの証言

この人たちの宗教的文法の延長上に今日のアメリカの福音主義があることは容易に窺えます。民衆の宗教的エネルギーを解発するためには知性と教養を否定し、シンプルな激情に身を委ねることが有効であるという経験知は大覚醒運動を通じてアメリカの宗教文化のうちに深く内面化したのでした。その「回心」がどういう人々を生み出したのかについて、ずいぶん後になってからクロード・レヴィ＝ストロースが『悲しき熱帯』に印象深い事件のことを書いています。

マト・グロッソにフィールドワークに入って、インディオたちと暮らし始めたレヴィ＝ストロースは彼が来る5年前に同じナンビクワラ族と接したプロテスタントの宣教師たちの話を聞きました。彼らはインディオと険悪な関係になり、投与したアスピリンで1人のインディオが死んだあと、インディオたちはそれを毒殺されたと思い込んで復讐のため6人の伝道団を虐殺したのでした。レヴィ＝ストロースはこの虐殺に加わった男たちがこの襲撃の模様を「楽しそうに語る」のを聞かされます。レヴィ＝ストロースの証言をそのまま引用します。

「私はたくさんの宣教師を知っており、その多くの人たちの果たした人間的な、学術的な価値を評価している。しかし、1930年代に中部マト・グロッソに入り込んだアメリカのプロテスタントの宣教師たちはそれとは別の種類に属していた。彼はネブラスカやダコタの農民の出で、それらの土地では子どもたちは文字通り地獄と油の煮えたぎる釜の信仰の中で育つのである。そして、中には保険の契約でもするようなつもりで宣教師になってしまう者がいた。こうして自分たちの魂の救済についてはもう保証を手に入れたと思った彼らは、救済に値するためにはもうそれ以上の努力を要さないと考えた。その結果、彼らはその職務の遂行に際して、胸がむかつくような非情さと非人間性を示すことになった。[13]」

レヴィ＝ストロースは虐殺の加害者であるインディオたちがその「戦功」をうれしげに語るのを聴きながら「彼らをとがめる気にはなれなかった」と書いています。それだけ非道なことを宣教師たちはしたのでした。おそらく、マト・グロッソで非業の死を遂げることになったこの宣教師たちは、その人生のどこかでムーディやサンディのようなタイプの伝道師に出会って「回心」を遂げたのでしょう。

アメリカがしばしば（誰も招いていないのに）遠い異国の密林や砂漠にまで「自由と民主主義の伝道」に赴き、そこで「その職務の遂行に際して、胸がむかつくような非情さと非人間性を示す」ことを僕たちは現代史上の事実として熟知していますが、これはアメリカの宗教文化のうちで涵養された政治的態度であるのかも知れません。

（1）アレクシス・ド・トクヴィル「アメリカにおけるデモクラシーについて」『世界の名著33』岩永健吉郎訳、中央公論社、１９７０年、５１９頁
（2）同書、５２３頁
（3）同書、５２１頁
（4）同書、５２７頁
（5）同書、５２９頁
（6）リチャード・ホーフスタッター『アメリカの反知性主義』田村哲夫訳、みすず書房、２００３年、53頁
（7）同書、74頁
（8）同書、74頁
（9）同書、70頁

（10）同書、70頁
（11）同書、80頁
（12）同書、88頁
（13）Claude Lévi-Strauss, *Tristes Tropiques*, Plon, 1955, p.342

第4章

解決不能な「自由」と「平等」

解決不能の葛藤を抱えた国

アメリカはいまのところ世界唯一の超覇権国家です。どうしてアメリカはこれほど強国になり得たのか。これは僕にとってたいへん興味のある論件です。僕はその理由を「深い葛藤を抱えているせい」だと考えています。これは僕が長く生きてきて経験的に獲得した知見です。

深い葛藤を抱えている人間は定型に居着かず、一度崩れた後も復元力が強い。逆にシンプルな信条を掲げて、どんな局面でもすぱすぱと決断を下し、内的葛藤のない生き方をしている人間は短期的には効率的な生き方をしているように見えますが、成長がない。そして、一度崩れるともう立ち直れない。

アメリカが成功したのは解決不能の葛藤をその建国のときから抱え込んでいるせいである、というのが僕のアメリカ論の仮説です。そんなこといきなりいわれても意味がわからないでしょうから、じっくり時間をかけてご説明します。

破られた「ヒポクラテスの誓い」

前の方でも書きましたけれど、アメリカは「自由」と「平等」の根源的葛藤を抱え込んでいます。この二つはアメリカの統治理念の根本をなす原理なのですが、自由と平等は食い合わせが悪い。自由というのはいかなる外的な介入も退けて、すべてを自己決定し、その帰結についてはすべて自己責任を負うという生き方のことです。これがアメリカ人が理想とする生き方であることはすでに申し上げました。でも、同時に市民社会が健全に機能し、国が豊かになり、文化的に成長してゆくためには、平等という原理を導入することが欠かせません。

例えば、医療がそうです。前にも書きましたが、パンデミックは全国民がその貧富や強弱にかかわらず等しく良質の医療を受けられるシステムができない限り収束することはありません。医療は個人の利益をもたらすサービスであるから、受益者負担の原則に基づき、医療を受けられる人間だけが受けることができ、貧しい人間は医療を受ける機会を放棄しろということを主張する人がいます（日本にもいます）。でも、国民の一部が制度的に医療から遠ざけられている社会では、その人たちがウイルスや病原菌を培養し続けるので、感染症は絶対に終息しない。

医療者は患者の貧富の差によって診療内容を変えてはいけないというのは古代ギリシャの医聖ヒポクラテスの誓言の一条でした。社会を疾病から守るためには良質の医療が等しく受けられる医療システムが必要です。疾病から社会を守るために統治者は医療の平等を実現しなければならない。でも、ヒポクラテスの誓いは必ずしも現代の常識ではありません。医療とは高額のサービスであるから、それを購入できるだけの資力のある人間以外に受ける資格はないという主張はアメリカではいまでも根強くはびこっています。医療先進国であるにもかかわらず、アメリカが感染初期に世界最悪の感染者数と死者数を出したのはそのせいです。

教育は有償であるべきか

教育もそうです。学校教育を受けて知識や技能を身につけることを「自己利益の増大」だと考えるなら、「受益者負担」の原則に基づき、教育は有償であるべきだという話になります。事実、19世紀に公教育の導入に際して、アメリカでは根強い反対がありました。納税者たちは「われわれは刻苦勉励の結果、自分の子どもに学校教育を受けさせるだけの社会的地位を得た。われわれほど努力しなかった者の子どもたちには同じような教育を受ける権利はない。公教育に税金を投じるということは、われわれの金を使ってわれわれの子どもの競争相手を育てるということである」と公教育に反対しました。

なんとなく理屈は通っているようですが、もしそうやって政府が学校教育への税金投入を止めていたら、アメリカはいまだに一握りの国民しか文字を読めない、四則計算もできないという低学歴国にとどまっていたでしょう。たしかに国内的には「強者のパイの取り分が多く、弱者の取り分は少ない」という「フェアネス」が実現したかも知れませんが、国際社会においては「後進国」扱いに甘んじなければならなかった。

国力を増大させ、集団的に生き延びてゆくためには、どこかで公権力が介入して、富者の私財の一部を取り上げ、強者の私権の一部を抑制して、平等を達成するということをしなければならない。強者の市民的自由を部分的に制限することなしには社会的平等は絶対に実現しません。

自由と平等の「過剰」に不満を持ち続ける国民

自由と平等の葛藤はアメリカがその建国のときから抱え込んで来た解決不能の問題でした。どちらか一方に軸足を置けば、話は簡単になりますが、それはもう「アメリカ」ではない。全員がリバタリアンになって、税金は払わない、自分の身は自分で守るといってアサルトライフルを携行して街を歩くようになると(そういう人たちはすでにたくさんいますが)、法も秩序も成り立たない。逆に人種差別、性差別を撤廃し、貧富の差をなくすために公権力による平等の実現を強力に進めようとすると、それは「社会主義化」だと不安を感じる市民が出てくる。自由か平等のどちらかを選んでそれ一本で行くということはできません。両方に片足ずつ置いて、危ういバランスをとらなければならない。アメリカ国民全員が納得する「均衡点」なるものは存在しません。つねに、一定数の国民は「自由が過剰である」か「平等が過剰である」かについて強い不満を持ち続ける。でも、それがアメリカという国の開放性と可能性の源泉であるように僕には思われます。

合衆国憲法が常備軍の保持を禁止している理由

日本国憲法の九条について、自衛隊という現実の戦力を有しながら、憲法に自衛隊の法的地位についての規定がないのはおかしい。現実に合わせて憲法を書き換えるべきだという「改憲派」がいます。でも、憲法と現実の間に齟齬《そご》があるのは、日本ばかりではありません。アメリカがそうです。

たぶん、ほとんどの方はご存じないと思いますが、合衆国憲法は常備軍の保持を禁止しています。世界最大の軍事大国であるアメリカの憲法は「常備軍を持ってはならない」と定めているのです。

合衆国憲法第八条は連邦議会の権限を規定した条項ですが、その第十二項は次のような権限を連邦議会に与えています。「陸軍を編成し、これを維持する権限。ただし、この目的のための歳出の承認は2年を超える期間にわたってはならない」（to raise and support Armies, but no Appropriation of Money to that Use shall be for a longer Term than two Years)。

通常の国家では軍隊の維持召集は行政府が行いますが、アメリカでは連邦議会の権限です。そして、陸軍についての歳出は単年度を越えてはならない、つまり軍隊は必要があるときに武装した市民（militia）を（行政府ではなく）立法府が召集し、編成するものであって、戦闘が終結したら兵士たちはただちに市民生活に復帰すべきと規定しているのです。

連邦議会は「陸海軍の統帥権」も保持しています。議会が「統帥権」を保持しているんです。ご存じの通り、大日本帝国では「統帥権」は天皇に帰属していました。軍隊の維持管理から作戦行動についてすべては天皇の専権事項であり、議会も内閣もこれには関与することが許されませんでした。実際には陸海軍大臣、参謀総長、海軍軍令部長、教育総監が原案を作って、それを「帷《い》幄《あく》上奏《じょうそう》」して、天皇の裁可を経て実施したのです。つまり、行政府も立法府も介入できず、軍のことは軍が決めるという閉鎖構造になっていた。それがどれほどリスクの高い仕組みであったかは歴史が教えている通りです。

日本人が経験した「統帥権の暴走」という歴史的事実を踏まえれば、合衆国憲法が連邦議会に統帥権を付与していることの意味はわかります。この条項は、軍が連邦政府に属することを防ぐために制定されたものです。言い換えると、軍隊が時の大統領の私兵と化して、政府に反対する市民に銃を向けることを絶対に許さないために制定されたものです。

これについては合衆国市民には痛苦な経験がありました。独立戦争において、植民地の市民たちは、「同胞」であるはずの英国軍に銃を向けられたからです。軍が行政府に属した場合に、軍はしばしば時の最高権力者の「私兵」となる。そして、本当に大義のある戦いであれば、上位者の命令に服して戦う職業軍人ではなく、自らの意思で銃を執って立ち上がった市民が勝つ。これが植民地市民が独立戦争を通じて得た、集団的な経験知でした。

独立宣言から合衆国憲法の制定までには11年間のタイムラグがあると前に書きました。それは新しく創り出す国のかたちについての国民の合意形成がそれだけ困難だったことを意味しています。合衆国がどういう統治システムであるべきかについて、国論は二分していました。連邦政府に大きな権限を委ねるべきだという「中央集権派（フェデラリスト）」と、州政府の独立性を重く見る「地方分権派」がいました。これはアメリカの二つの統治原理である自由と平等のうちのどちらに軸足を置くべきかをめぐる根源的な論争でした。一方は「平等」を、一方は「自由」を最優先の原理としたのです。氷炭《ひょうたん》相容れざる原理をどうやって折り合わせたのか。建国の父たちのそのための創意工夫が合衆国憲法の行間ににじんでいます。

アメリカ分割のリスクに直面したフェデラリストたち

『ザ・フェデラリスト』という本があります。憲法制定の前に、二分した世論を連邦派に導くために、アレグザンダー・ハミルトン、ジョン・ジェイ、ジェイムズ・マディソン、の三人によって書かれたものです。連邦への権限集中の理を説くためには、州への権限分散がどのようなリスクを含んでいるか、それをあきらかにしなければなりません。建国時点で州権を強化した場合にどのような国家的危機が予測されたのか、これは現代アメリカしか知らない人間には想像もつかない事態でした。

『ザ・フェデラリスト』執筆の直接の理由は、「各邦をいくつかの連合に、あるいはいくつかの国家に分割することにこそ、われわれの安全と幸福を求めるべきであると主張する政治屋たちが現われだした[1]」ことでした（強調は内田）。

僕たちはいまのアメリカを見て、昔からずっと「あんな国」だと思っていますけれど、そうではありません。合衆国建国のときには、どういう国を創建すべきかについて合意ができなかったのですが、それは未来が予測不能だったからです。独立時の13州をいくつかの独立国に分割するという（いまからでは想像しがたい）アイディアを語る人たちがいたのです。この時期のアメリカは「非友好的で嫉妬反目するいくつかの独立国[2]」に分割されるリスクを前にしていたのです。その道を選ぼうとする人たちが実際に存在した。フェデラリストたちは「それだけはダメ」と熱弁をふるったのです。

独立戦争に勝利したあと、植民地市民は13州連合（the Confederation）を形成しました。しかし、フェデラリストによれば、この政体は戦火の下で急ごしらえされたものであったので、「大きな欠陥」がありました。そこに直接的には連邦を、間接的には自由を脅かす危険性があることを認めた人々は「連邦と自由とを二つながら十分に保障するものとしては、もっとも賢明に構成された全国的政府（national government）しかないことを悟り（…）憲法会議を召集したのである[3]」。

筆者であるジェイはここではっきりと連邦と自由を両立させるのは簡単な仕事ではないということを認めています。州の自由、市民の自由を追求すれば、連邦は存立できない。連邦が存立できなければ、自由が失われるリスクがある。だから、自由と連邦を「二つながら十分に保障する」工夫が必要なのだ、と。

どうして全国的政府は市民の自由の障害物ではなく、市民の自由の守護者であるといえるのか。その論拠としてジェイは「侵略者があったときに誰が戦争をするのか？」という問いを立てました。これはいまの僕たちがアメリカの統治機構の成り立ちを点検する時にまず脳裏に浮かぶことのない問いです。でも、フェデラリストたちが生きていたリアルタイムではこの問いは十分に切実なものだったのです。

独立直後の合衆国は英国、スペイン、フランス、さらには国内のネイティヴ・アメリカンとの軍事的衝突のリスクを抱えていました。仮にある州がこれらの国と戦闘状態に入ったときに、戦闘の主体は誰になるのか？　州政府が軍事的な独立を望むのなら、州政府はとりあえず単独で外敵に対処しなければならないことになります。

「もし、一政府が攻撃された場合、他の政府はその救援に馳せ参じ、その防衛のためにみずからの血を流しみずからの金を投ずるであろうか？(4)」

例えばヴァージニア州が英国軍に攻撃されたときに、コネチカット州が「隣邦の地位が低下するのをむしろよしとして」傍観するということがあり得る。フェデラリストたちはそう考えたのです。

あるいは「アメリカが三ないし四の独立した、おそらくは相互に対立する共和国ないし連合体に分裂し、一つはイギリスに、他はフランスに、第三のものはスペインに傾くということになり」(5)北米で代理戦争が始まった場合に、いったいアメリカ国民はどうふるまったらよいのか。

現代のアメリカしか知らない僕たちはそもそものようなリスクを勘定に入れるという思考習慣がありません。でも、アメリカの統治原理に内包されている葛藤を理解するためには、それを勘定に入れないと話にならない。外敵の侵略や代理戦争が起こり得るという歴史的環境の中でアメリカの建国の父たちは制度設計をしたのです。

喫緊の問いは「軍事は連邦政府の専管事項か、州政府に委ねるか」でした。外敵の侵略、代理戦争のリスクを考えたら、連邦政府が常備軍を統括するというのが合理的な解です。だから、フェデラリストたちはそのリスクを強調した。一方、地方分権派の人たちは、常備軍は容易に権力者の私兵となって市民を弾圧するリスクを強調した。

独立宣言には武装権・抵抗権・革命権が明記されています。「いかなる形態の政府であろうと、この目的を害するときには、これを改変あるいは廃絶し、新しい政府を創建することは人民の権利である（That whenever any Form of Government becomes destructive of these ends, it is the Right of the People to alter or to abolish it, and to institute new Government)」。

独立戦争直後に制定されたペンシルヴェニアとノース・カロライナの州憲法には「平時

における常備軍は、自由にとって危険であるので、維持されるべきではない」と明記されていますし、ニュー・ハンプシャー、マサチューセッツ、デラウェア、メリーランドの州憲法はいくぶん控えめに「常備軍は自由にとって危険であるので、議会の承認なしに募集され、あるいは維持されるべきではない」としています。「常備軍は自由にとって危険である」というのは建国時のアメリカのいくつかの州の成文法の文言だったのです。

連邦政府の指揮下に常備軍を置くべきか、そのつど必要なときに「武装した市民」を召集する以上のことをしてはならないのか。この原理的な対立は結局解決しませんでした。

その結果、合衆国憲法は「常備軍の保持は憲法違反であると読めるような条項」を持つことになったのでした。憲法八条十二項について、『ザ・フェデラリスト』の執筆者の一人ハミルトンは「これは、よくみると、あきらかな必要性がないかぎり軍隊を維持することに反対する重要にして現実的な保障とも思われる配慮なのである(6)」と解説しています。

連邦議会襲撃事件や銃による大量殺人事件の背景

この原理的な対立は、憲法修正第二条にも現れています。1789年、憲法制定の2年後に採択された憲法修正第二条にはこう書かれています。

「よく訓練されたミリシアは自由な邦の安全のために必要であるので、人民が武器を保持し携行する権利は侵されてはならない」。

人民の武装権を主張したのは地方分権派です。フェデラリストは軍事力を連邦政府で独占したい。両者譲らず、その妥協の産物が、「原則として常備軍は持たない。軍隊の召集・維持の権限は連邦政府ではなく連邦議会が持つ。市民の武装権はこれを認める」という現在の憲法の文言です。フェデラリストからすれば、これはかなり不本意な譲歩だったでしょう。

ミリシアをなんとか抑制しようとしたフェデラリストの抵抗の跡はかろうじて「よく訓練された（well regulated）」と「自由な邦の安全のため（the security of a free state）」という二重の条件に残されています。でも、果たしてwellとfreeという二つの限定だけで武装する市民の行動を抑制できるものでしょうか。先年の連邦議会襲撃事件や、頻発する銃による大量殺人事件を見ている限り、アメリカはそれに成功しているようには見えません。泉下の「フェデラリスト」たちがいまのアメリカを見たら「だからいったじゃないか……」と深く嘆息するに違いありません。

（1）ハミルトン、ジェイ、マディソン『ザ・フェデラリスト』（『世界の名著33』）斎藤真訳、中央公論社、1970年、317頁
（2）同書、318頁
（3）同書、318－319頁
（4）同書、329頁
（5）同書、330頁
（6）同書、351頁

第5章

ポストモダン後にやって来た「陰謀論」時代

陰謀論が蔓延する理由

アメリカではいま共和党のトランプ支持者たちの間を中心に陰謀論が広く信じられています。21世紀になってまだ陰謀論かよ……と私は驚くのですけれども、本当にしぶといです。

近代において最も有名な陰謀論は「ユダヤの世界政府」による世界支配のアジェンダである「シオン賢者の議定書」です。ユダヤ人の世界政府が世界各国で政治も経済も学術もメディアもすべてを支配しているという荒唐無稽なストーリーです。いつからこのような陰謀論が広く蔓延することになったのかについてはいくつか歴史研究があります。レオン・ポリアコフの『反ユダヤ主義の歴史（*Histoire de l'Antisémitisme*）』（Léon Poliakov, 1955年）とノーマン・コーンの『シオン賢者の議定書（*Warrant for genocide*）』（Norman Cohn, 1970年）が代表的なものですけれども、実はノーマン・コーンの訳者は僕です。大学院時代にフランスにおける反ユダヤ主義の歴史を研究している過程で読んだ本ですが、たいへんに面白かったので、自分で知り合いの出版社に売り込んで本にしてもらったのです。『シオン賢者の議定書』というタイトルをつけたのはその出版社です。おどろおどろしい装丁で、うっかりした読者が「おお、ユダヤ人の世界政府の謎を解き明かした本なのか」と思って買いそうですけれども、実は「ユダヤ人の世界政府の謎という妄想を思いついた人たちがどうしてそんな妄想を抱くに至ったかの研究書」でした。

『シオン賢者の議定書』は東欧の某都市にひそかに結集したユダヤ人の長老たちが、これから世界をどうやって支配しようか密議を凝らした文書が偶然リークされて……というかたちで流布した文書ですが、これを「捏造」したのは19世紀末のロシアの秘密警察（オフラーナ）のピョートル・ラチコフスキーという人物です。彼が材料に使ったのはモーリス・ジョリ（Maurice Joly, 1829–1878）というフランスのジャーナリストがナポレオン三世の独裁を批判するために書いた『マキャベリとモンテスキューの地獄での対話（*Dialogue aux Enfers entre Machiavel et Montesquieu*）』というパンフレットでした。その中でジョリはマキャベリの口を借りて、ナポレオン三世がいかにしてこれから世界を支配し、市民たちを支配するか、そのあくどい計画を滔々《とうとう》と語らせたのです（ジョリはこのパンフレットを頒布した罪で第二帝政下のフランスで禁錮15か月を申し渡され、パンフレットは発禁となりましたが、さいわいコピーが一部大英図書館に残っていたのです）。

『シオン賢者の議定書』は、そのマキャベリ＝ナポレオン三世の口述部分を「シオンの賢者」たちがどうやって世界を征服し、市民たちを支配するか、その計画を語った言葉だとしたパンフレットです。『議定書』の40％がジョリの丸写し、第7章はまるごと盗用でした。

地獄にいるマキャベリと現実のナポレオン三世と想像上の産物たる「シオンの賢者」が違う口で同じことをいうわけですから、当然かなり没論理的で支離滅裂なものになります。「シオンの賢者」はすでに世界を完全に支配しているという言葉の後で、世界を支配するまでにはまだまだたくさんの敵を倒さなければならないという文言が出てくる。「シオン賢者の世界支配」の実相を最も効果的に隠蔽するのは民主政であり、民主主義者たちは実は全員シオンの賢者の走狗なのだとも書いてある。だったら、当然「シオンの賢者」たちは民主政をさらに栄えさせるように努力するはずですが、ロシアの秘密警察は「民主派はシオンの賢者の手先だ」という話を流布したいだけなので、民主政は倒さなければならない敵として描かれる。よくわからない。ノーマン・コーンは『議定書』を「あまり頭のよくない人物が大急ぎで糊とはさみで貼り合わせた作品という印象を免れない(1)」と評していますが、その通りです。

でも、駄文でも没論理でも、そのことは多くの読者を得る妨げにはなりません。このパンフレットは以後世界中に広まり、あらゆる国語に翻訳されました。『シオン賢者の議定書』の英語版を出版したのは自動車王ヘンリー・フォードです。彼はロシア革命以後、共産主義者がアメリカに浸透して、革命闘争を起こすのではないかと懸念していました。この恐怖に取り憑かれた人たちの脳内では「ボルシェヴィキ＝ユダヤ人」という等式が簡単に成立してしまったようです。

「ユダヤ人の世界政府」陰謀論の浸透

日本にも『議定書』は戦前から流入しています。文書を最初に持ち込んだのはシベリア出兵に行った軍人たちでした。彼らは白系ロシア人たちから「ロシア革命を企んだのはユダヤ人の世界政府だ」と聞かされて、そのときにはじめて「ユダヤ人の世界政府」というアイディアに触れたのでした。

でも、実はその少し前の日露戦争のときに、日本政府は、戦時公債の調達において、ニューヨークのユダヤ人銀行家ジェイコブ・シフ（Jacob Henry Schiff, 1847–1920）から多大の貢献を得たという経験がありました。

シフはロシアにおける「ポグロム（ユダヤ人迫害）」に怒り、同胞のために、ロマノフ王朝に対して個人的な戦争を仕掛ける気でいました。シフはアメリカに戦時公債の募集に行った高橋是清と親交を結び、日本の戦時公債の買い上げとロシア公債の拒絶を世界のユダヤ人銀行家に依頼し、それによって戦費調達の戦いにおいて日本はロシアに大きなアドバンテージを得ることができたのでした。その功によってシフは戦後明治天皇から勲一等旭日大綬章を授勲されています。

「ユダヤ人は戦争を買うことができるほどの国際的なネットワークを有している」というのはこの時日本の指導層の骨身に浸みた教訓でした。その経験が日本の場合は、それ以後いまに至るまでの「ユダヤ人の世界政府」陰謀論の浸透に関与しているようです。

求められたシンプルな物語

世界中どこでもユダヤ陰謀論の浸透の仕方はいろいろです。『議定書』そのものはロシア人の捏造文書ですが、近代反ユダヤ主義というアイディアの発祥地はフランスです。これはフランス革命直後に革命がユダヤ人によって引き起こされたとする陰謀論です。

フランス革命はブルボン王朝を一夜にして崩壊させました。これによって貴族や聖職者などの特権階級はその地位を奪われ、英国に亡命しました。彼らは夜ごとロンドンのクラブに集まっては、いったい自分たちの身に何が起きたのかを語り合いました。

フランス革命が起きたのは、絶対王政の制度疲労、資本主義の発達、啓蒙思想の普及など複数の原因があり、その複合的な効果として革命が起きたわけですけれども、貴族たちはもっとシンプルな物語を求めました。

ブルボン王朝が一夜にして倒壊したのは、それを上回る実力を持った政治勢力によって攻撃されたからである。しかるに革命の直前まで、フランスの警察も軍隊も、「王朝を倒せるほどに強大な反政府勢力」が国内に存在する徴候を感知していなかった。ということは、その政治勢力は「秘密結社」でなければならない。

と、ここまでは推理はとんとんと進みました。秘密結社による政治的陰謀であるということに話は決まった。残された問題は「それは誰だ？」ということだけです。いろいろな候補の名前が上がりました。フリーメーソン、イリュミナティ、聖堂騎士団、プロテスタント、英国の海賊資本……でも、どれも政治革命を起こすほどの実力はなさそうだし、ブルボン王朝を倒す特段の理由もない。「シオンの賢者たち」というのもその候補者の一つでした。

でも、フランス革命直後の時点では、「ユダヤ人がフランス革命を企画し、実行した」という陰謀論はそれほど説得力がありませんでした。なにしろ、ヨーロッパ諸国でユダヤ人は久しくキリスト教徒による差別と迫害の対象だったからです。居住地も職業も制限され、定期的に集団的な暴力にさらされていました。彼らが革命を起こすほどの実力がないことをヨーロッパの人たちはよく知っていました。しかし、「ユダヤ人＝フランス革命の張本人」は時代が下るにつれてしだいに信憑性を獲得してゆきました。それは近代ヨーロッパにおけるユダヤ人たちの社会的進出が際立ったものだったからです。

ユダヤ人はフランス革命によってそれまでの被差別身分から解放され、市民権を付与されました。革命後のユダヤ人たちの社会進出はめざましいものでした。政治、経済、メディア、学術、演劇、音楽……さまざまな分野でユダヤ人はプレゼンスを示しました。それを見て、「ユダヤ人がフランス革命を起こしたのだ」と考える人が出てきました。近代フランスの「反ユダヤ主義の父」エドゥアール・ドリュモン（Édouard Drumont, 1844–1917）というジャーナリストです。

彼は『ユダヤ的フランス（*La France Juive*）』（1886年）という書物を通じて、19世紀のフランスにおける都市化も近代化も資本主義化も良風美俗の退廃も全部は「ユダヤ化」の帰結であると主張しました。

見ての通り、フランス革命の最大の受益者はユダヤ人である。ということはフランス革命はユダヤ人が計画したということである。ドリュモンはそう断定して、歴史解釈に決着をつけました。

ある政治的事件の受益者がその事件の企画者であるということは論理的には成立しません。「風が吹けば桶屋が儲かる」という事実から「桶屋には気象を操作する超能力がある」と推論することはふつうはしません。でも、ドリュモンはそうした。そして、『ユダヤ的フランス』は19世紀最大のベストセラーになりました。

これは陰謀論ではよく見られる現象です。コロナのパンデミックに際してはずいぶん多くの人が「コロナ禍によって受益したのは誰か？」という問いを執拗に立てました。どうやらその問いの答えが「コロナを仕掛けたのはこいつだ」という結論に導いてくれると思っていたようです。

感染初期に中国は医療資源が潤沢であったせいで、支援を求める国々に医療支援を行い、外交関係で得点を稼ぎました。トランプのアメリカはコロナ対策では大失敗して、世界最悪の被害を出しました。それを見て「コロナ禍で中国は相対的に地位を向上させ、アメリカの地位は低下した。コロナ禍の最大の受益者は中国である。考えてみればもともとウイルスの発生源は中国の武漢だ。あれは中国が開発した生物兵器ではないのか」という暴走的な推理をする人がいました。さすがに同調する人はあまりいませんでしたけれど、トランプが「チャイナ・ウイルス」と言い続けていたことは十分に陰謀論の素地になったと僕は思います。

陰謀論と一神教

日本でも陰謀論を宣布する人はいますけれども、欧米ほどではありません。これは一神教信仰と深いところでつながっている信憑の形式だからだと僕は思います。

一神教ではこの世のできごとはすべて神の摂理によって統御されているとされます。神の手で「あらかじめ書かれたシナリオ」が存在して、すべてはそれに従って生起している。これは一神教信仰の前提です。ですから、いま目の前で生起していることはいくつかの要素が組み合わさったことの偶有的な帰結であって、世の中はこんなふうではなかった可能性もあるという考え方を一神教信者は（あまり）しません。

先ほどフランス革命の後の貴族や僧侶が「複数の原因の複合的効果としての革命」という発想には興味を示さず、「全知全能の〝オーサー〟によってあらかじめ書かれたシナリオ」が存在すると信じ切ったという話をしましたけれど、これは一神教固有の発想法と言ってよいと思います。彼らは「起きたことはなぜ起きたのか？」という問いは立てますけれど、「起きてもよかったはずのことはなぜ起きなかったのか？」という問いにはまったく興味を示しません。

アメリカではQアノンが広げた陰謀論が広く信じられています。「悪魔崇拝者・小児性愛者・人肉嗜食者による秘密結社が世界を裏で支配し、ドナルド・トランプは神に遣わされた救世主としてこれと密かに戦っている」というストーリーです。アメリカではこれを信じている人が数百万人に達すると言われています。どうしてこんな「変な話」を信じる人が百万単位で存在するのか不思議ですが、「世界的規模の秘密結社がさまざまな悪事をことごとく統御しており、すべての悪行は彼らの立てたシナリオに従って実現している」というのが一神教信仰の「裏返し」だと気がつけば、納得がゆきます。

陰謀論者の多くはキリスト教福音主義の信者と重なりますが、彼らは「神の摂理」が信じられなくなったので「悪魔の摂理」を信じることにしたのです。「この世で起きていることのすべては神の摂理に従っている」と現実を受け入れるのも、「この世で起きていることの多くは悪魔が神の摂理の実現を妨害しようとして行っている」と現実を拒否するのも、思考のパターンとしては同型的です。だから、このシフトには内的葛藤がない。素朴な信仰と陰謀論を隔てる距離は、僕たちが想像するよりはるかに狭いようです。

ポストモダニズムの影響

まず世界を解釈するための「物語」があり、そのストーリーパターンにあてはまるように事実を配列したり、潤色したり、加工したりする。これが陰謀論の基本的なスキームです。その原型は一神教信仰に由来するわけですけれども、それが現代アメリカのように病的に亢進したのには別の理由もあります。それは「ポストモダニズムの劣化」ということです。それについて少し書いておこうと思います。

ポストモダニズムとは一言で言うと「大きな物語の否定」です。

この世のできごとをスケールの大きな、しかしシンプルなストーリーで説明することに近代まで欧米の人たちは全力を尽くしてきました。「神の摂理」もそうですし、ヘーゲルの「絶対精神の顕現」もマルクスの「歴史を貫く鉄の法則性」もそうです。ポストモダニズムはこの「大きな物語」の無効を宣言しました。それは西欧の「自民族中心主義」的な思考上の奇習に過ぎない、と。あなた方はまず「物語」を作り、それにあてはまるように現実を眺めているのである。あなた方はみな「民族誌的偏見の檻」のうちに幽閉されていて、そこからしか現実を見ることができないのである、と。

この「自分が見ているものの真正性を懐疑せよ」というポストモダニズムの要求は正しいものだったと思います。まったく、その通りなんですから。でも、このポストモダニズムの要求はいささか厳し過ぎて、人間の忍耐力の限度を超えるものでした。誰だって、朝起きてから夜寝るまでずっと「私が見ているものは真正な現実ではなく、私の主観的バイアスのかかった幻影に過ぎないのだ」と自分に言い続けるわけにはゆきません。それでは知的負荷が重過ぎる。しんどくなった現代人たちは「わかったよ、もういいよ。あんたたちの言う通りだよ。どうせオレたちが見ているのは全部幻想だよ。悪かったね。でも、オレたちの目には幻想しか映らないんだよ。オレはその中で生き死にするんだから、ほっといてくれよ」といきなり居直ってしまった。これが21世紀になってから猖獗をきわめることになった「反知性主義」の実相です。

反知性主義者たちは次のような思考過程をたどりました。

（1）人間の行うすべての認識には人種や性差や階級や信教によるバイアスがかかっている。

（2）人間の知覚から独立して存在する客観的実在なるものは存在しない。存在したとしても認識できないのだから存在しないのと同じである。

（3）人間の知覚がことごとく主観的バイアスによって歪められているなら、もう「客観的実在」のことなど気にかける必要はない。各自がお気に入りの妄想のうちに安らいで何が悪い。

というのが反知性主義を正当化するロジックでした。

ポストモダニズムは自民族中心主義を否定するために「君たちが見ているのは幻想だ」と手厳しい批判を加えました。ポストモダニズムはその点でまことに仮借がなかった。あまりに仮借がなかったので、その結果、ある種の知的虚無主義（「どうせオレが見ているのは幻想だよ」）がはびこり出すことになりました。そして、それが次の段階で「幻想を見て何が悪い」という反知性主義的居直りに至った。そうやって自民族中心主義批判だったはずのポストモダニズムがくるりと一回転して、自民族中心主義を基礎づけるという倒錯的な事態が生じたのでした。

「世界の見え方は人によって違う」というのはまことに常識的な言い分です。でも、そこから出発して、「万人が共有できる現実は存在しない」というところまでゆくとこれは「非常識」と言わざるを得ません。反知性主義の問題はここにあります。反知性主義は決して「間違ったこと」を言っているわけではありません。理屈としては無理押しすれば通ることを言っている。でも、どう聞いても「非常識」です。ことは「常識／非常識」という日常感覚における程度の問題なのです。だからこそ扱いが難しい。

現代は「ポスト真実の時代」だと言われます。きっかけになったのはトランプの大統領就任式でした。インタビューにおいて、大統領顧問ケリーアン・コンウェイは、ホワイトハウス報道官ショーン・スパイサーが、第45代アメリカ大統領ドナルド・トランプ大統領就任式には「過去最大の人々が就任式をこの目で見るために集まった」と虚偽の言明をしたことについて問われ、その言明は「もう一つの事実（alternative facts）」を伝えるものだとして報道官の発言を擁護しました。

この世界には単一の客観的な現実などというものはもう存在しない。存在するのはさまざまな視座から眺められ、さまざまなフレームで切り取られ、さまざまなコンテクスト上に配列された、似ても似つかぬ事実たちである。コンウェイ顧問はそう宣言したのでした。alternative factsを日本のメディアは「もう一つの事実」と報道しましたけれど、よく見るとわかるとおりコンウェイはこのとき複数形を使っています。「もう一つ」どころじゃないのです。「いろいろな事実」が等権利的に併存しているとコンウェイは言い切ったのです。

否定と肯定

歴史修正主義は「世界の見え方はいろいろあり、どれも等権利である」という点では「ポスト真実」の時代の徴候的な現象だと言えます。2016年に*Denial*という映画が公開されました。アウシュヴィッツにガス室はなかったという主張をなす歴史修正主義者デヴィッド・アーヴィングが彼を批判した歴史学者デボラ・リップシュタットを名誉毀損で訴えた実際の裁判に取材したものです。

歴史修正主義者の目的は裁判の場において「アウシュヴィッツにガス室はあり、ユダヤ人の大量虐殺が行われた」という意見と「アウシュヴィッツにガス室はなく、ゆえにユダヤ人の大量虐殺もなかった」という意見を「両論併記」させることでした。ホロコーストがあったという考え方もあり、なかったという考え方もある。「どっちもどっち」である。そうやってホロコーストを「オルタナティブ・ファクト」の一つに格下げして、歴史学の信頼性を損なうことがアーヴィングのねらいでした。

実際の裁判では裁判官はアーヴィングが「嘘をついている」と判定して、リップシュタットが勝訴するのですが、この原題は「否定」という映画が日本で公開される時のタイトルは『否定と肯定』になっていました。なんと。「両論併記させれば、歴史修正主義の勝利だ」という内容の映画の邦題をつけるときに配給会社は「両論併記」したのです。

まさか配給会社が社として公式にホロコースト否定論を信じているとは思いません（それならこんな映画を配給するわけがない）。でも、会社の誰かが「デリケートな問題については両論併記しておく方が無難じゃないですか」というようなことを言った可能性はあります。

現にいまの日本のメディアは「両論併記」の花盛りです。歴史的検証に耐えた学術的な主張と、実証的な吟味に耐えない資料や思いつきがあたかも等権利的な学説であるかのように併記されている。日本の歴史修正主義者のほとんどは現政権の支持者であり、政権もことあるごとに彼らを政府委員に登用し、顕職を提供し、講師に招いていますから、この両論併記がメディアの側からする「政権への阿諛《あゆ》」であることは明らかです。でも、これほどあからさまな「政権への阿諛」ができるのは、メディア自身がいまは「ポスト真実の時代」なのだから、何が真実であるのかを確定することに手間暇をかける必要はないと信じ始めているからでしょう。

果たして「ポスト真実の時代」では何を信じて生きてゆけばよいのでしょうか。僕は別にそれほど悲観的ではありません。先ほど書いたように、オルタナティヴ・ファクツ論は「すべての主観的事実は等権利である」ということを原理的な足場にしていますけれども、これは間違っています。たしかにすべての人間の認知にはある種のバイアスがかかっています。けれど、それぞれの認知の間にも「割と客観的」と「ひどく主観的」、「割と常識的」と「ひどく非常識」の差は存在します。そして、僕たちはこの程度の差を認知することはできる。「これが100パーセントの真実だ」と言い切ることはできなくても、真実含有量が80％の言明と3％の言明の間の違いくらいは感知できます。その判断の手がかりになるのは、その人たちがそれまで語ってきたことのうちの真実含有度の「通算成績」だったり、情報の精粗だったり、命題の論理性だったり、僕たちが経験的に知っている「嘘をつく時に人間がどんな表情になるか」だったり……手がかりはいくらでもあります。だから、あとはその計測性能の精度を上げればいい。「計測の精度を上げる」ことは「真偽の判定を下す」こととはレベルの違うことです。けれども、計測の精度を上げておけば、「偽命題」に惑わされるリスクは減じることができる。「ポスト真実の時代」において、正気を保つためには、常識の力をもう一度信じるしかない。僕はそう思います。

（1）ノーマン・コーン『シオン賢者の議定書——ユダヤ人世界征服陰謀の神話』内田樹訳、ダイナミックセラーズ、1986年、81頁

第6章

「リンカーンとマルクス」という仮説

なぜ平等は自由より後回しなのか

アメリカの統治原理では自由が優先され、平等への配慮はそれに比べるとかなり手薄です。あまり言う人がいませんが、それがアメリカという国の統治原理の最大の弱点だと僕は思います。どうして、アメリカでは「平等」は冷遇されるのか？

独立宣言に「平等の実現」が政府の責務としては明記されていないことがその一因だと思います。独立宣言にはこう謳われています。

「われわれは、以下の事実を自明のことと信じる。すなわち、すべての人間は生まれながらにして平等であり、その創造主によって、生命、自由、および幸福の追求を含む不可侵の権利を与えられている、と（強調は内田）（We hold these truths to be self-evident, that all men are created equal, that they are endowed by their Creator with certain unalienable Rights, that among these are Life, Liberty and the pursuit of Happiness)。」

この「自然権」に基づいて合衆国は英国からの独立を果たしました。文言は「すべての人」となっていますけれど、宣言起草者の脳裏にあったのは宗主国民である英国人と植民地人であるアメリカ人の間の「平等」のことです。「地上の諸国家の間にあって（among the powers of the earth）、独立した平等の地位を持つ」、独立宣言はそう述べていることからわかる通り、さしあたり問題になるのは国と国との間の平等のことであって、国民内部の平等の実現ということはこの時点では喫緊の政治課題としては意識されていませんでした。この時点では、アメリカ国民の間には緊急に解消すべき不平等は「存在しない」というふうに建国者たちは考えていたはずだからです。ネイティヴ・アメリカンも黒人奴隷も、そもそも独立戦争の主体ではありませんからこの時点では「アメリカ国民」にはカウントされていない。

何より問題なのは、平等は「創造主（Creator）」によってすでに天賦の権利として万人に与えられているという話になっていたことです。「すでに与えられた権利」の名において独立戦争は戦われたわけですから、平等の実現が独立後のアメリカが「それ以後に達成すべき政治的課題」としてめざされるということは論理的にはあり得ません。

実際に、独立後にアメリカ国民たちは「生命、自由、幸福追求の権利」を最大限に行使して、自由な競争をしました。才能も資質も帰属集団も異にする市民たちが自由に競争すれば、必ず格差が生じる。実際に格差が生じました。でも、それは市民的自由の発現であって、補正すべき欠点だとは思われていなかった。

平等というのは、公権力が市民の自由に介入し、強者の権利を制限し、富者の富を税金として徴収し、それによって弱者を保護し、貧者に分配することによってしか実現しません。市民を自由に競争させていたら、そのうち平等が実現するということは絶対に起きません。公権力による市民的自由の制限なしに平等は実現しない。そして、それは憲法制定過程でのフェデラリストと州権派の対立で見たように、州権の保持を望む人たちが最も忌み嫌っていたことでした。

平等が実現されていないことがもたらすさまざまな社会的難問にいずれアメリカが直面するだろうということを独立時点のアメリカ人は考えていなかった。でも、そのことについて彼らを責めることはできません。目の前に「独立」という緊急な政治課題がある時に、「独立した後に起きる不都合」にまでふつうは気が回りませんから。

でも、独立を果たし、市民的自由を獲得した後に、アメリカ人はそれまで誰も考えたことのなかった事実に直面しました。それは「市民的自由を野放しにすると、不平等な格差社会が実現する」という現実でした。これを民主制の最もシリアスな問題として論じたのがＪ・Ｓ・ミルの『自由論（*On Liberty*）』（１８５９年）です。

タイトルだけの印象だと「自由の擁護」のための書物のように思えますが、これは英国人であるミルが「民主主義社会においてどうすれば市民的自由は制約できるか？」という建国80年後にアメリカ合衆国が直面した「前代未聞の難問」を論じた書物です。

ここでミルは「社会が個人に対して当然行使してよい権力の性質と限界[1]」を論じました。民主主義社会では公権力はどの程度までなら市民的自由を制限することが許されるのか。これは西欧がはじめて遭遇した問題でした。そんな問題はそれまで存在しなかったからです。

市民革命以前の人民にとって、支配者は民衆とつねに利害が相反する存在でした。ですから、人民は「支配者の恣意《しい》をどうやって制限すればいいか」だけを考えていればよかった（逆に支配者は「どうやって人民の自由を制限すればよいか」だけを考えていればよかった）。そして、革命が成就し、権力者を倒して民主政を打ち立てた後、理論上、人民の代表が国を支配することになりました。そのような統治システムにおいては、支配者の利害と意志は人民の意志と利害とぴたりと一致するはずです。政府の権力は「集中化され行使しやすい形にされた国民自身の権力にほかならない(2)」はずです。

ところが蓋を開けてみたら話が違っていた。「権力を行使する『民衆』は、権力を行使される民衆と必ずしも同一ではない(3)」ことがわかったのです。代議制民主政を始めてみたら、そこで「民衆の意志」と呼ばれているものは「実際には、民衆の中でもっとも活動的な部分の意志、すなわち多数者あるいは自分たちを多数者として認めさせることに成功する人々の意志」だったのです。「民衆がその成員の一部を圧迫しようとすることがありうるのである(4)」。

これはさすがに市民革命を目の当たりに経験した人々にしか語れない知見だと思います。英雄的な市民革命を通じて民主政を実現してみたら、予想もしていなかったことが起きた。「最も活動的な市民」がそれほど活動的でない他の市民の自由を制約する「民衆による民衆の支配」が起きたのです。民衆が民衆を抑圧し、民衆が民衆から収奪するということが起きた。市民に最大限の自由を与えたら、巨大な権力を享受する市民と無権利状態の市民が生まれた。巨富を積んだ市民と貧困にあえぐ市民が生まれた。これはかなり不都合な事態です。これはなんとかしなければならない。でも、一体いかなる原理の名において、いかなる手法を通じて、「民衆による民衆の支配」を制御することができるのか?

これがいまから170年ほど前にミルによって定式化された自由と平等をめぐる論件です。そして、周りを見渡せばわかるとおり、僕たちの世界はまだミルが出した問いに確定的な答えを出していません。

ミルの書物は明治5年に中村正直によって日本語に翻訳され広く読まれました。でも、「読まれた」ということと「血肉化した」ということは別の話です。僕の知る限り、日本の市民も政治家も「民衆による民衆の支配」が代議制民主政の最大のアポリアであるということを理解しているようには見えません。市民は「どうやって市民的自由を獲得するか」だけを考え、政府は「どうやって市民的自由を抑制するか」だけを考えている。「いかにして個人の独立と社会的統制とのあいだを適切に調整するか、という実際問題[5]」を真剣に考えている人はその間にあってきわめて少数にとどまっています。

とはいえ、日本以外のどこかよその国にならたくさんいるという話でもありません。これは「その解決にこれまでほとんどなんの進歩もみられなかった問題の一つである[6]」とミルが認めている通りの難問なのです。そうである以上、この難問に苦しむことそれ自体が民主政のコストだと肚を括るしかありません。

市民的自由と社会的統制はどこかで衝突します。私的自由と公共の福祉はどこかで衝突します。自由と平等はどこかで衝突します。そのときに、どのあたりが適切な「落としどころ」になるかは原理的には決することができません。だから、この問いには永遠に「最終的解決」は訪れない。

アメリカ人はミルの出したこの難問にみごとに答えてみせたわけではありません。でも、アメリカ人がこの難問に、長きにわたってまっすぐに悩んできたことは確かです。僕はアメリカという国に取り柄があるとすれば、それはこの「自由と平等」の葛藤を苦しみ続けたという歴史的事実のうちにあると思います。葛藤のうちで人間は成熟する。それはたぶん集団についてもあてはまると思います。

リンカーンとマルクス

そのアメリカでも社会的平等の実現が政治的急務だと考える例外的な人たちが存在していました。彼らの話をしようと思います。

建国から70年ほど経った頃、ヨーロッパからアメリカに大量の移民が流入してきました。大きな波があったのは1848年です。1848年というのはヨーロッパ各国で市民革命が起きた年です。フランス、ドイツ、イタリア、オーストリア、ハンガリー、各国で市民たちが参政権や憲法制定を求めて立ち上がりました。「諸国民の春（Printemps des peuples）」と呼ばれる一大事件でした。それによってウイーン体制は瓦解しました。

でも、市民たちの戦いはほとんどが反動的な政府によって暴力的に弾圧されました。そして、多くの知識人、自由主義者、社会主義者たちが官憲の手を逃れて祖国を離れ、英国、アメリカ、オーストラリアなど新天地に新しい活動の場を求めました。彼らは「48年世代(Forty-eighters)」と呼ばれます。彼らの最も多くが向かったのはアメリカでした。1853年の1年間だけでドイツ、オーストリアからアメリカに渡った移民が25万人という統計がありますから、その勢いが知れます。

彼らはその多くが高学歴、高職能の人たちでした。社会的能力が高く、ある程度の資産もあり、何より同志的なネットワークを持っていました。ですから、アメリカにおいても短期間に社会的上昇を遂げました。

ドイツからの「48年世代」はミシガン、イリノイ、ウィスコンシンに集住しました。それらの土地は以後、新たな産業拠点となると同時に、左翼運動の一大拠点にもなってゆきます。ミシガン、ウィスコンシン、イリノイというと2016年の大統領選挙でドナルド・トランプに票を投じた「ラストベルト」を形成する地域ですが、１７０年前それらの土地は自由主義者や社会主義者たちの拠点だったのでした（ちなみにトランプはドイツ系アメリカ人です）。

のちに第一インターナショナル最後の書記長になるフリードリヒ・ゾルゲ（Friedrich Sorge, 1828–1906）はドイツ系「48年世代」の典型です。ドイツで死刑を宣告され、52年にニューヨークにたどり着き、57年にはニューヨーク・コミュニスト・クラブ（New York Communist Club）を創建します。クラブは71年には2万人の労働者を集めてパリ・コミューン支援デモをしていますが、そのスローガンは「われわれは国籍、人種、身分、地位、肌の色、性差の差異を認めない」でした。なんと、アメリカにおける平等主義の先駆者はマルクス主義者たちだったのです。

「48年世代」は南北戦争が始まると、リンカーンの「奴隷解放」の大義に共鳴して北軍に加わりました。その中に一人印象的な人物がいます。ヨーゼフ・ヴァイデマイヤー（Joseph Weydemeyer, 1818–1866）です。マルクス、エンゲルスの古くからの同志で、『新ライン新聞』の編集者であり、『ドイツ・イデオロギー』の執筆に協力したこと、『ルイ・ボナパルトのブリュメール一八日』の寄稿を依頼したことで知られています。

ヴァイデマイヤーはプロイセンの軍人でしたが、48年革命ののちに司直の手を逃れて51年にアメリカに移住しました。53年にドイツ系移民たちを集めてアメリカ最初のマルクス主義組織であるアメリカ労働者同盟（American Workers League）を立ち上げます。同盟の掲げた目標は「移民たちへの迅速な市民権付与、労働時間の短縮、児童労働の禁止、貧困家庭への学校教育の公的支援」、そして「職業、言語、人種、性別を超えたすべての労働者」の団結を訴えました。ここでも平等が優先的な政治課題として掲げられています。

ヴァイデマイヤーは南北戦争が始まると軍隊経験を生かして、北軍大佐に任ぜられ、砲兵連隊を率いてセントルイス攻防戦を戦いました。

僕たちはふつう世界史では「各国史」を勉強しますので、国を越えて横断的に活動する人たちの事績に触れることがありません。でも、このヨーロッパとアメリカを駆け抜けた「48年世代」がアメリカの政治風土に、それまでは主題的には追求されなかった「平等」という新しい課題をもたらしたという歴史的事実は押さえておくべきことだと思います。

カール・マルクスとエイブラハム・リンカーンが同時代人であり、二人の間に交流があったことはあまり知られていません。『シェーン』のところで触れたホームステッド法をマルクスは「コミュニズムの先駆的形態」として高く評価していました。マルクス自身も「ホームステッダー」としてテキサスに入植する計画を持っており、１８４５年にはその手続きまで始めていました。48年の革命のせいでマルクスのテキサス移住計画は流れましたが、場合によっては「テキサス人マルクス」が存在した可能性もあったのです。

マルクスはアメリカとは浅からぬ関係があります。『ニューヨーク・トリビューン（*New York Tribune*）』という当時ニューヨーク最大の新聞がありました。その編集者のホレス・グリーリー（Horace Greeley, 1811–1872）が１８５２年にロンドンのマルクスに彼の新聞のロンドン特派員のポストをオファーしたのです。同年にマルクスは盟友ヴァイデマイヤーに依頼されて『ルイ・ボナパルトのブリュメール一八日』を書いています。すでにニューヨークではマルクスのジャーナリストとしての筆名は高まっていたのだと思います。経済的に窮迫していたマルクスはこのオファーを快諾し、52年から61年まで、『ニューヨーク・トリビューン』に４００本を超える記事を寄稿しました。いくつかは社説として掲載されました。マルクスが扱ったトピックはアメリカの奴隷制、アヘン戦争、英国のインド支配など多岐にわたりました。つまり、南北戦争の直前の10年間アメリカの知識人たちは10日に1本のペースでマルクスの書いた政治記事を読んでいたことになります。これが南北戦争前の北部の世論形成に無関係であったとは思われません。

１８６４年のリンカーンの大統領選再選を祝って、第一インターナショナルは祝電を送りましたが、電文を起草したのはマルクスでした。その一月後、駐英アメリカ大使がリンカーンからの謝辞を第一インターに伝えました。その中で大使はこう書いています。

「アメリカ合衆国は、奴隷制を維持しようとしている叛徒たちとの現在の戦いにおいて求められているのは人間性の大義であると考えています。アメリカ合衆国はヨーロッパの労働者たちの支援の言葉から闘い続けるための新たな勇気を得ました。(7)」

アメリカ史を一国史として読んだ場合には、たぶんリンカーンとマルクスの関わりや、「48年世代」の南北戦争における役割は見落とされてしまうでしょう。僕が読んだ範囲では、アメリカの政治史を論じる人たちの中で「48年世代」やマルクスの関与を高く評価する人はほとんどいません。アメリカの歴史の転轍点に「共産主義者」がかかわっていたなどということを認めたくないのかも知れません。でも、実際にはヨーロッパ大陸と新大陸の間には一貫して活発な交流があり、その交流から19世紀のアメリカ社会において「平等」という新しい政治的課題が前景化することになったという歴史的事実は見落とすべきではないと思います。

マルクスをロンドン特派員に選んだホレス・グリーリーは19世紀アメリカで最も影響力のあったジャーナリストの一人ですが、僕は思わぬところでその名前を耳にすることになりました。『リバティ・バランスを射った男』の中です。

弁護士のランス（ジェームズ・スチュアート）が西部の町の人に「どうして東部の坊ちゃんがこんなところまで来たのか」と訊かれた時に、「ホレス・グリーリーの『若者よ西部に向かえ。そこが真の目的地だ』という言葉に背中を押されて」と答えたのです。マルクスをアメリカの世論形成に呼び込んだ人物が、同時に「リバティ・バランスを射った男」を西部に送り出していたというところに、僕はアメリカ文化の複雑さと奥行きを感じます。

ロシア革命と「メーデー革命」

1870年代まで、アメリカは世界の社会主義運動の一大拠点でした。いまからは信じられない話ですけれども。そして、先に見たように、平等という政治的理念を強く推し進めたのはこの社会主義者たちでした。でも、そのあと、マルクスが死んだ１８８３年あたりを境にして、アメリカにおける社会主義の運動は勢いを失います。あらゆる問題について（当否は別として）即答してくれるマルクスという「先達」を失ったことの一因でしょうけれど、もっと大きな理由があります。それは急激な資本主義の発展です。

１８７０年から１９００年までの30年間を「金ぴか時代（The Gilded Age）」と呼びます。命名したのはマーク・トウェイン（Mark Twain, 1835–1910）。英国におけるヴィクトリア時代、フランスにおける「ベル・エポック」と同時期に当たる高度経済成長の時代でした。

１８６９年に大陸横断鉄道が開通し、１８９０年にはフロンティア消滅宣言がなされ、西部開拓の時代が終わります。１９０１年テキサスのスピンドルトップでの無尽蔵の油田が発見された時点で、すでにアメリカは工業生産は世界一になっていました。

この時代の特徴はカーネギー、ロックフェラー、モルガン、ハースト、グッゲンハイム、スタンフォードなど「鉄道王」とか「鉄鋼王」とか「新聞王」とか「石油王」とか異称で呼ばれる大富豪たちが登場したことです。「アメリカン・ドリーム」の時代です。

誰でも額に汗して働けば、あるいは運に恵まれれば、劇的な社会的上昇のチャンスがある。マーク・トウェインの『西部放浪記』を読むと、「一攫千金《いっかくせんきん》」の夢に血眼になって移動する人たちが出てきます。実際に昨日は物乞いをしていた男が煉瓦造りの家に住み、シャンペンを鯨飲している。トウェインは自分の熱狂ぶりをこう書いています。

「みんなと同じに狂わなかったとしたら、わたしは人間以上か以下の者だったろう。毎日のように、鉛地金ほどの大きさの、どっしりした煉瓦状の銀塊が鉱山から車で運ばれてくる。こんな光景を見ると、まわりから聞こえてくるとほうもない話も実体を帯びてきて、ついにわたしも屈服し、最高に頭にきている連中に負けず劣らずのぼせ上がってしまった。(8)」

トウェインも銀を求めて旅立ちます。

「すぐさま支度にかかり、同時にもっと早く決断しなかったことで、みずからを責めはじめた――われわれの到着前に豊かな鉱山《やま》はみんな他人に発見、所有されてしまい、われわれはトン当たりたぶん二、三百ドルくらいしか取れない鉱脈で我慢しなければならないかと思うと、恐ろしくてたまらなかったのだ。(9)」

この時代の「アメリカン・ドリーマー」たちの共通点はこの病的な焦燥感（「おっとこうしちゃいられない」）かも知れません。

西部劇『拳銃無宿（*Angel and the Badman*）』（1947年）は傷を負ったガンマン、カート・エヴァンス（ジョン・ウェイン）が昼夜兼行で荒野を疾走し、疲れ果てて馬もろともに倒れる場面から始まりますが、彼がそんなに急いでいたのは鉱山の登記のためでした。「他人に発見され、所有される」前に法的手続きを取ろうとして焦るのは、僕たちにはよくわかりませんが、アメリカの観客にとっては胸が詰まるような焦燥感をもたらす状況設定なのでしょう。

他人を押しのけて一歩先に踏み出した人間が巨富を得て、一歩遅れた者には何も与えられないという現実を見せつけられた人たちは「道徳的」にふるまうインセンティブを深く傷つけられます。そういう局面では、誰も「お先にどうぞ」とは言わない。誰も平等についても友愛についても語らない。「金ぴか時代」は強者も弱者も、富者も貧者も、上から下まで「自己利益最優先」にふるまうことが当然である時代でした。

この時代はきわめて毒性の強い政治腐敗の時代でもありました。リンカーン後の政治家たちには見るべき人物がいません。アンドリュー・ジョンソンは弾劾裁判にかけられた最初の大統領になり、ユリシーズ・グラントは「アメリカ史上最悪の大統領」と呼ばれ、ラザフォード・ヘイズには「イカサマ閣下（His Fraudulency）」という不名誉な呼称が与えられました。

当時の統治機構では三権のうち最も力があったのは司法府でしたが、その司法官たちも買収されて、規制法制を骨抜きにしたり、一部企業だけが利益を得るような法改正に加担したせいで、社会正義は地に落ちました。そして、資本家たちが堕落するにつれて、これに対抗する労働者の運動もそれに相関して、過激化し、非寛容で暴力的なものになってゆきます。

20世紀に入ると、労働者たちは組合を結成して、ストライキを繰り返し、資本家たちは利益を守るために、「労働組合を操っているのは移民の無政府主義者・社会主義者たちである」という人種差別的な言説を弄し、警官や州兵を動員してスト破りを行い、労使の対立はひどく血なまぐさいものになりました。1881年から1900年の間にアメリカでは2378回のストライキがあり、600万人以上の労働者がこれに加わりました。[10]

その険悪な空気の中に1917年のロシア革命のニュースが到来しました。革命の報に最も過敏な反応をしたのは資本家たちでした。「金ぴか時代」から利権を求めて、社会正義を顧みず、警察や裁判官や議員を買収し、組合活動を暴力的に弾圧してきたことを当人たちは熟知しています。ロシア革命では、労働者が決起して、皇帝貴族ばかりか資本家や富農も次々処刑されている。同じことがアメリカでは絶対に起こらないという保証はありません。

革命当時、レーニンが率いたロシアのボルシェヴィキは実数10万人でした。警察が把握しているだけで、アメリカには活動家が6万人と言われていました。そして、散発的ではありましたが、爆弾テロが起きていました。後から回顧すると1910年代のアメリカに社会主義革命が起きる可能性はほとんどなかったのですが、リアルタイムではつねに「一寸先は闇」です。国内にどれほどのテロリストがいるのか、どれほどの革命組織が地下活動を展開しているのか、警察も連邦政府も把握していませんでした。加えて、レーニンは1918年に「アメリカの労働者たちへの手紙」の中で、「立ち上がれ、武器をとれ」と指示していました。1919年にモスクワに集まった世界の社会主義組織の代表は「コミンテルンの指揮下に世界革命に邁進する」と誓っていたのです。

主観的願望と客観的展望を取り違える革命家がいるように、主観的恐怖によって客観的現状分析ができなくなる資本家や政治家もいます。権力者に取り憑いた「恐怖」が判断力を曇らせたせいで、市民に対する暴力的な弾圧が始まります。それが「赤色恐怖（Red Scare）」です。この語は「赤狩り」と訳されることもありますが、Red Scareは革命が起きたら、自分たちは権力も財産も奪われた末に殺されるのではないかという資本家たちの「恐怖」のことです。

アメリカにおける「赤色恐怖」には三人のキーパーソンがいました。ミッチェル・パーマー（Alexander Mitchell Palmer, 1872–1936）、J・エドガー・フーヴァー（John Edgar Hoover, 1895–1972年）、ジョセフ・マッカーシー（Joseph Raymond McCarthy, 1908–1957）の三人です。活動した時代は少しずつずれますが、この三人がアメリカにおけるマルクス主義の「息の根を止めた」という点では最大の功績を果たしたと言ってよいと思います。ただ、それを駆動していた主たる動機は政治的な企図であるよりはむしろ妄想と利己心でした。

パーマーはウッドロー・ウィルソン大統領の右腕で、ベルサイユ講和会議に出席するためしばしばパリを訪れていた大統領に代わって、ホワイトハウスを仕切っていた大物政治家です。彼はウィルソンの次の民主党の大統領候補になることが確実視されていました。比較的リベラルであったパーマーが社会主義を敵視する転機は自宅に爆弾が投じられたことです。パーマーは間一髪で難を逃れましたが、一家全員が爆殺されていた可能性のあるテロでした。

こうした事態を受けて、連邦政府は取り締まりに乗り出します。その責任者に任命されたのが、若きJ・エドガー・フーヴァーでした。当時フーヴァーは23歳、なぜそんな若者がいきなり過激派を監視し、摘発する仕事を任されたのか。先ほど述べたように、このころのアメリカの司法と警察は汚職まみれで、腐敗していました。ですから、既存の警察組織から独立した司法組織をつくる必要があるとパーマーは考えたのです。そこで、若いフーヴァーに白羽の矢が立った。この組織が「アンタッチャブル」と呼ばれるようになったのは、「買収できない」という意味です。それ以外の司法組織は程度の差はあれ「買収可能」とみなされていたのでした。

僕たちには想像することが困難ですが、かつてアメリカの警察の腐敗はかなりシリアスなものだったようです。1857年にニューヨーク州議会はニューヨーク市警が矯正不能なほどに腐敗していると判断して、警官全員を免職するという荒業を企てました。市長はこの命令を拒否し、市警と州警察が市庁前で銃撃戦を展開するという事態になったことがありました。

Black Lives Matterの運動は警察官の人種差別的暴力への抗議から始まりましたが、このとき、事件の現場であったミネアポリスでは市議会議員が市警への予算拠出を打ち切り、警察を解体する意向を表明したことがありました。「警察を解体し、新しい公衆安全組織に切り替える」というのは日本人には理解することの難しいアイディアですけれど、アメリカでは実は先例のあることなのでした。

労働組合の過激化

19世紀末から20世紀初めにかけていくつものストライキを指導した政党にアメリカ社会党（Socialist Party of America）があります。穏健左派で、州議会や連邦議会にも議員を送っていましたが、党内のヘゲモニー闘争で分裂し、19年に過激派は党から一掃されました。この過激派たちは「左派宣言（Left Wing Manifesto）」を発して、その中で「代議制国家を廃絶し、ブルジョワジーから政治的権力を剥奪し、革命的独裁を打ち立てることが必要で

ある」と訴えました。(11)

彼らに口で言うほどの政治的実力があったとは思われませんが、フーヴァーは彼らは国家転覆計画を企てていると考えました。フーヴァーの提案に基づいてパーマーは1920年1月2日「パーマー・レイズ（Palmer Raids）」と呼ばれる一斉検挙に踏み切ります。このとき、アナキスト、ボルシェヴィキの別を問わず2500人が逮捕されました。これだけの規模の政治犯の大量逮捕はアメリカ史上初めてのことです。

当時パーマーが連邦議会に提出しようとした法案は「騒乱を行った者、騒乱を指嗾《しそう》した者は、アメリカ生まれの市民は10年以下の禁錮、移民は市民権剥奪と強制送還」と定めたものでした。政府に反対するすべての言論を刑事罰に処することができる法律をパーマーは制定しようとしていたのです。「赤色恐怖」というにふさわしい過剰反応でした。

しかし、結果的には、フーヴァーを重用し過ぎたせいで、パーマー自身の政治生命が絶たれることになりました。フーヴァーは全米の過激派が1920年5月1日のメーデーに一斉蜂起するという情報をパーマーに上げました。パーマーはこの情報を信じてしまいます。

「ニューヨーク市当局はパニックに取り憑かれ、市の防衛のために全警官を動員した。フィラデルフィア、ワシントンDC、シカゴの当局者は公共建築物と要人に特別警護体制を敷き、シカゴ警察は360人の容疑者を逮捕して拘禁した。しかし、5月1日が来たけれど何も起きなかった。新聞各紙はパーマーを一斉に嘲弄した。[12]」

『ボストン・アメリカン』紙はこう書きました。

「誰もがA・ミッチェル・パーマーの『メーデー革命』を笑っている。(…)もちろん恐るべき『革命』など起きなかった。少しでも良識のある者ならそんなことが起きるとは考えていなかったはずである。(…)『赤色恐怖』により、兵士と警官を召集し、パーマー氏の手下の給料を支払うために何千ドルもの金が費やされた。首都は恐慌状態になり、ビジネスは混乱し、臆病な男女は右往左往することになったが、このすべてはパーマーの個人的な臆病と司法省の機能不全に由来する。[13]」

パーマーはウィルソンの次の民主党大統領候補と目されていたのですが、この歴史的失態によって政治生命を失いました。フーヴァーこそがパーマー失脚の原因を作ったわけですけれども、彼はパーマー失脚後も司法省に生き残りました。１９２４年に司法長官に任ぜられたハーラン・Ｆ・ストーンがパーマーの法的手続きを無視したやり方に批判的で、司法省からパーマー時代の幹部を追い出しました。でも、フーヴァーは生き残りました。

フーヴァーこそ「パーマー・レイズ」の中心人物だったのですが、新任のストーンは省内の人事に疎く、若手を抜擢して、組織を刷新するという人事計画を立てて、よりにもよってフーヴァーを新たに立ち上げる捜査局の責任者に任命してしまいました。こうしてフーヴァーは１９２４年から72年に死ぬまで、以後48年にわたってアメリカの公安のトップに君臨し続けることになったのでした。

フーヴァーはＦＢＩ長官として8代の大統領に仕えましたが、トルーマンもアイゼンハウアーもケネディも誰も彼をクビにすることができませんでした。大統領をふくむすべての政治家について徹底的にプライヴァシーを調査させ、その秘密情報によって政治家たちの首の根を押さえていたからです。フーヴァーが死んだ時、ニクソン大統領は部下をフーヴァーの自宅に派遣して、ファイルの探索を命じました。それさえあれば民主党共和党を問わずあらゆる政治家たちをスキャンダルで抑え込める「オールマイティ」のカードですから、喉から手が出るほど欲しかった。でも、ファイルはフーヴァーの秘書が遺言に従って焼却処分していました。

マッカーシズム

「赤狩り」の三人目のキーパーソンはジョセフ・マッカーシーです。マッカーシーについての伝記の中で著者であるロービアは彼についてこう書いています。

「マッカーシーは確かに嘘つきのチャンピオンだった。かれは思うままに嘘をついた。(…)白々しい嘘をつき、真実に面と向って嘘をついた。生き生きと、大胆な想像力を用いて嘘をついた。しばしば、真実を述べるふりすらしないで嘘をついた。(14)」

ずいぶんな言い方ですけれども、これはかなりの部分まで事実なのでした。戦後ウィスコンシン政界にデビューする時にマッカーシーは海兵隊の軍服を着て、爆撃機の尾砲砲手の席に座った写真を掲げて、自分は歴戦の勇士であり、戦傷を負ったと主張していました。

でも、情報将校としての彼の仕事は出撃してきたパイロットからの聴き取りが主務であり、足の骨折は赤道越えパーティで階段を踏み外して転倒したときのものでした。爆撃機に便乗する人間は、空中戦のリスクのないときは、尾砲砲手席に座らされるということもウィスコンシンの有権者はたぶん知らなかったのでしょう。

マッカーシーは軍務記録を始め、少し調べれば嘘だとわかることについてもこまめに嘘をつき続けました。そして、1946年に「議会は巡回判事の職をなげうって海兵隊に志願し、太平洋戦争を戦った若き尾砲砲手を必要としているのだ」という惹句で、ラフォレット家が2代40年にわたって占めてきたウィスコンシン州の上院議員の席を手に入れました。

しかし、在職中ほとんど目につく業績のない新人議員マッカーシーは再選が難しいと判断して、52年の選挙では注目度を上げる「争点」探しを三人のブレーンに相談します。神父と政治学教授と弁護士の三人です。彼らはマッカーシーの目玉政策として「セントロレンス水路の推進」「高齢者年金」などを提案しましたが、どれもぱっとしません。最後に神父が「共産主義─世界全般におけるその勢力と破壊活動能力」という案を出すと、マッカーシーは即座にこれにとびつきました。(15) そして、「連邦政府は共産主義の巣窟である。

彼らを排除しろ」というストーリーを政策の目玉に掲げることにしました。

一月後の1950年2月9日、ウェスト・ヴァージニア州共和党婦人クラブの集会で、マッカーシーは「国務省内には205人の共産党員およびスパイがいて、私はその全員のリストを持っている」という爆弾発言をしました。世に言うマッカーシズムの号砲がこのとき鳴ったのです。

もちろんこれはその場の口から出まかせでした。マッカーシーは自分がそこで何を言ったのかさえ正確には記憶していなかったからです。「安全保障上の危険分子」の数はあるときは205人、あるときは57人になり、あるときは106人になり、名前についても「知っている」と言ったり「知らない」と言ったり、マッカーシーの言うことは変遷し続けました。でも、彼はたちまちのうちに多数の追随者を国民のうちに見出すことになりました。

全盛期のマッカーシーはその一挙手一投足を世界のメディアが注視するアメリカでただ一人の上院議員でした。1954年のギャラップの世論調査ではアメリカ国民の50%がマッカーシーに「好感を持ち」、彼が米国の国益増大に貢献していると評価していました。(16)

英国の『タイムズ』はマッカーシズムは「西側の政策決定にあたって不可欠の要素」であ

ると述べ、ウィンストン・チャーチルはエリザベス二世の戴冠式の祝辞の中でマッカーシー批判の一節を挿入することを自制できませんでした。わずか3年間ではありましたけれど、マッカーシーは世界中が彼の次の攻撃目標はどこかを注視する政治家であり、トルーマン、アイゼンハウアーの2代の大統領の行政府の活動を「半身不随」にするだけの力を行使したのでした。

マッカーシーはなぜこれほどの影響力を持ち得たのか。それはマッカーシーの告発に対して連邦議会が告発者であるマッカーシーに「政府部内に共産主義者がいることの挙証責任」を求めず、逆に、被告発者である政府当局に対して「部内に共産主義者がいないことの証明」を求めたせいです。ある部局に共産主義者が「一人いる」ことは比較的簡単に証明できますが、「一人もいない」ことを証明することは絶望的に困難です。でも、連邦議会と国民はそれを求めました。

やむなく、各部局の長たちは、マッカーシーの攻撃から組織を防衛するために「自分の部局は危険分子を雇用していない」ことを証明する仕事を他のすべての業務に優先することを強いられました。このまったく無意味な作業のために、アメリカの行政府はほとんど機能停止に陥りました。マッカーシーの在職中に摘発された「危険分子」は何人かの元共産党員だけでしたが、彼によって損なわれたものは桁外れでした。

何より問題なのは、マッカーシー自身は「アメリカの政策決定には共産主義者が関与している」という自分が喧伝している当の物語を信じていなかったことです。『マッカーシズム』の著者はそう書いています。

「本当にそう信じ、本当に気にかけていたのなら、唯面倒くさいからとか、期待したような大見出しにならなかったからという理由で、調査を放棄するようなことはしなかっただろう。かれは政治的投機者、共産主義を掘り当て、それが噴油井を上って来るのを見た試掘者だったのである。そしてその噴油井が気に入った。しかし、別のどういう噴油井でも同じように気に入ったであろう。(17)」

例えば、マッカーシーは「ＣＩＡは最悪の状態」にあり、そこには１００人以上の共産主義者がいると公言しました。ＣＩＡはマッカーシーの調査員に部内を土足で歩き回られることをまったく望んでいなかったので、内部調査委員会の結論だけ（「何もありませんでした」）をマッカーシーに伝えました。マッカーシーはそれを黙って受け入れました。

ＣＩＡをあまり怒らせることのリスクを察知したのかも知れません。マッカーシーの主張が正しければ、ＣＩＡはそれ以後も「最悪の状態」のままだったはずですが、マッカーシーはそのことを特には気にしていないようでした。

興味深いのはフーヴァーのＦＢＩはマッカーシーをどう見ていたかです。マッカーシーの伝記作家は両者のかかわりについては、「ＦＢＩはマッカーシーの犯罪の最悪のものに深くかかわり合った機関であり、フーヴァーはマッカーシーがどういういかさま師であるかを誰よりもよく知っており、いつでもその名声をマッカーシーに対抗させ得た唯一の人物だった(18)」と書くにとどめています。フーヴァーはおそらくマッカーシーが病的な嘘つきであることは知っていたのでしょうが、政府部内に多くの共産主義者がいるというアイディアそのものはフーヴァーの気に入ったのだと思います。ＦＢＩ以外の政府機関は「腐敗」しており、ＦＢＩだけが「アンタッチャブル」であるという「物語」はフーヴァーの組織の存在根拠そのものであり、半ばは彼の切実な「信仰」でもあったからです。ですから、マッカーシーがＦＢＩの例外的威信を認める限りは「好きにしてよい」というのがフーヴァーの思惑だったのではないかと思います。もう死んでしまったので、フーヴァーの内心は知る由もありませんが。

ともあれ、1954年に上院特別委員会はマッカーシーが「上院の倫理に反した行動をとり、上院を不名誉と不評に陥れ、上院の憲法的手続きを妨害し、その威信を傷つけるところがあった」ことを理由に譴責決議を下し、マッカーシーの政治生命はこれで終わり、その3年後にマッカーシーは失意のうちに病没しました。

マッカーシーのような三流の人間でも一国のさまざまな領域を数年間にわたって混乱のうちに陥れ、人々の卑劣さと臆病を剥き出しにさせることができる。それをマッカーシーは教えてくれました。その経験からアメリカ人はおそらく貴重な教訓を得たと思います。

「共産主義者」と民主党員と東部のインテリたち、「暗黒と破壊活動と売国の勢力がすべて結集[19]」した組織に対抗して、ひとりマッカーシーが救世主として戦っているという図式に70年前のアメリカ人は偏愛を示しました。それとほとんど同じ図式がいまのアメリカでまた甦っていますが、さいわいマッカーシー時代のように全メディアがトランプにひれ伏すということは起きていません。多くのジャーナリストや俳優やミュージシャンがきっぱりとトランプに「ノー」を突きつけています。アメリカ市民の良識を信じたいと僕は思います。

（１）Ｊ・Ｓ・ミル『自由論』（『世界の名著38』）早坂忠訳、中央公論社、１９６７年、２１５頁
（２）同書、２１７頁
（３）同書、２１８頁
（４）同書、２１８頁
（５）同書、２１９頁
（６）同書、２２０頁
（７）Robin Blackburn, *An unfinished revolution :Karl Marx and Abraham Lincoln*, Verso, 2011, p.49
（８）マーク・トウェイン『西部放浪記（上）』（『マーク・トウェインコレクション11Ａ』）吉田映子、木内徹訳、彩流社、１９９８年、１８５-１８６頁
（９）同書、１８９頁
（10）オットー・Ｌ・ベットマン、『目で見る金ぴか時代の民衆生活――古き良き時代の悲惨な事情』山越邦夫、斎藤美加他訳、草風館、１９９９年、１１５頁
（11）Kenneth D. Ackerman, *Young J. Edgar*, Carroll &Graf Publishers, 2007, p.75
（12）*Ibid.*, pp.283-284
（13）*Ibid.*, p.284
（14）Ｒ・Ｈ・ロービア『マッカーシズム』宮地健次郎訳、岩波文庫、１９８４年、71頁
（15）同書、１６２頁
（16）同書、34頁
（17）同書、97頁
（18）同書、２８８頁
（19）同書、３２６頁

第7章

国民的和解に向かうための「葛藤」

内戦の死者を弔う

自由か平等か。連邦政府に権限を集中すべきか、州政府に権限を委譲すべきか。銃で武装する市民の権利を守るか、市民を銃から守るか。アメリカは統治理念のうちに深い矛盾を抱えているということは繰り返し申し上げた通りです。それが市民たちを対立させ、アメリカを分断しています。コロナ対策でも、反マスク、反ワクチンを主張する市民たちが依拠するのは「自由」です。感染症は全国民が等しく良質な医療を受けるシステムを構築する以外に効果的な手立てがありませんが、そのためには公権力が市民の「自分の生命身体を自由に行使する権利」に介入しなければならない。これはどちらかが正しくて、どちらかが間違っているということではありません。果たしてアメリカ人を統合する手立てはあるのでしょうか。

僕はあると思います。国民的和解のための手立てはある。そして、建国以来、多くのアメリカ人たちはそれを希求してきた。

アメリカ人同士が統治原理の違いで殺し合った最大の事件は南北戦争です。この戦争では61万人のアメリカ人が戦死しました。これは第二次世界大戦の死者40万人、ベトナム戦争の死者４万７０００人と比べた時に、その戦禍の大きさが知れます。

ほぼ同時期に日本も直近の内戦（戊辰戦争）を経験しましたが、その死者数は８０００人。それでも官軍と賊軍の間の感情的な対立は以後１５０年を経ても解消されてはいません。アメリカの場合は死者数がそれとは比較になりません。戦争の後に南北和解のためにアメリカ人もずいぶん苦しんだはずです。

リンカーン大統領は「リコンストラクション（Reconstruction）」政策を掲げて、戦後の南北融和を試みましたが、成果を上げないうちに暗殺されました。南部を敵視し続ける北部の共和党急進派とこれに対抗する南部の保守派の対立は激しく、南北のこの政治勢力を和解させるだけの構想力と包容力を持った大統領はリンカーン以後の「金ぴか時代」にはついに出てきませんでした。

連邦政府は戦後南部諸州の民主化と黒人の地位向上に取り組みましたが、北軍の撤収と同時に、南部諸州の共和党は党勢を失い、南部民主党が権力を奪還します。奴隷制は廃止されたはずでしたが、実質的に黒人の権利を制限する差別立法（ジム・クロウ法）が州法として次々制定され、黒人の市民権は大幅に制約されることになりました。

南北戦争で奴隷解放がなされた後の方が、黒人に対する白人の恐怖と憎しみは亢進したようです。クー・クラックス・クランの創建は南北戦争後の1865年です。最初は覆面をかぶって道行く黒人を脅かすだけだった運動が、いつの間にか組織的な殺人にまで悪質化したのは、南部白人たちが、市民権を獲得したかつての奴隷たちによる報復を恐れていたからです。自分たちは復讐されるかも知れないという恐怖と猜疑心が南部における黒人差別を加速化させた。その心理は、1910年代に、北部の資本家たちが、それまで最低の雇用環境で収奪してきた「プロレタリア」が力を持つようになると革命が起きて自分たちが殺されるのではないかという恐怖から「赤色恐怖」に走った心理と同型的なもののように思われます。

リコンストラクション後の南部における「黒人恐怖」と1910年代の北部における「赤色恐怖」は客観的な事実よりもむしろ幻想的な「恐怖」に駆動されたものでした。具体的な制度上の問題であれば、適切な政策による解決が可能ですが、恐怖や不安から生まれる問題は、政策的に「ここを修正すれば解決する」というものではありません。それは心の問題だからです。心の傷は「心に触れるアプローチ」でしか癒すことができない。僕はそう思います。

マーク・トウェインが「アメリカ共産党の源泉」である理由

マーク・トウェインは「アメリカ文学の父」と呼ばれています。どうして彼が「父」なのか、僕はちょっと不思議でした。どうしてエドガー・アラン・ポウとかフェニモア・クーパーとかハーマン・メルヴィルではなくて、マーク・トウェインなんだろう。まあ、好みの問題なんだろうと思っていましたが、ある時に不思議な文脈でマーク・トウェインの名前を見ました。それは1950年代にアメリカ共産党書記長だったウィリアム・Z・フォスターが書いた『アメリカ合衆国共産党史』という本を読んでいた時です。

その前書きに、「アメリカの政治的な、経済的な、社会的な、芸術的な伝統を継いだ共産主義運動とは何か」を論じた箇所があり、そこにアメリカ共産党の源泉の一人としてマーク・トウェインの名が挙げられていました(1)。

この書物が「アメリカ共産党の源泉」として他に名前を挙げたのはフランクリン、ジェファーソン、フレデリック・ダグラス、リンカーン、エジソンなどですが、そのリストに並んでいる。それを見て、もしかするとマーク・トウェインが得ているこの例外的な名誉は、彼がアメリカにおける国民的分断を和解に導く道筋を発見したからではないかという仮説を思いつきました。

マーク・トウェインが『ハックルベリー・フィンの冒険』という作品を発表したのは１８８５年、南北戦争が終わって20年後のことです。物語はたいていの方はご存じだと思いますが、暴力をふるう父親から逃げ出したハックルベリー・フィンはひょんなことから所有者のもとを逃げ出した旧知の奴隷のジムと筏に乗って、自由州めざしてミシシッピ川を下ることになります。物語の設定は南北戦争の前ですから、奴隷の逃亡を幇助《ほうじょ》するハックの行為はもちろん刑事罰の対象です。ハックは自分は「罪を犯している」という内心の呵責、旅の友であるジムの豊かな人間性とまっとうな人格にしだいに敬意を抱いてゆく……という話です。

ハックルベリー・フィンはもちろん典型的な南部の悪ガキです。著者のマーク・トウェインもミズーリ生まれの南部人で、南北戦争では南軍に志願しています（すぐに脱走して西部に逃げてしまいますが）。

この物語のどこが独創的であるかというと、これはその時点で南部の人が読んでも北部の人が読んでも違和感を覚えないで読める最初の物語だったということです。

奴隷制を無批判に受け入れる話なら北部の読者は手に取らないでしょう。奴隷制を全否定する話なら南部人は読まない。たしかに、この物語の中にはさまざまな南部人が登場し、さまざまな愚行や非道がなされますけれども、別にそれは南部の文化的・道徳的な後進性を嘲るためではありません。描かれるすべての南部の現実は、ハックルベリー・フィンの純粋な魂に映るままに、時には恐怖や嫌悪とともに、時には愛着や感謝とともに鮮やかに「写生」されています。これはマーク・トウェインの力業と言ってよいと思います。

柴田元幸さんはこの物語の魅力をこんなふうに説明しています。

「ろくに学校にも行っていない、半分浮浪者の少年が使いそうな言葉だけを使って、少年自らに語らせることを通して、本人はぜんぜん自覚していないユーモア、叙情、アイロニーが全篇にわたって広がり、時に静謐で時に荒々しいアメリカ中西部の自然と、時にあたたかく時に残酷なアメリカの社会がみずみずしく描かれる。[(2)]」

冒頭の一節だけ柴田訳で読んでみましょう。

『トム・ソーヤーの冒けん』てゆう本をよんでない人はおれのこと知らないわけだけど、それはべつにかまわない。あれはマーク・トウェインさんてゆう人がつくった本で、まあだいたいはホントのことが書いてある。ところどころこちょうしたとこもあるけど、だいたいはホントのことが書いてある。べつにそれくらいなんでもない。だれだってどこかで、一どや二どはウソつくものだから。」[3]（強調は原文）

すごいですね。いきなりメタ・フィクションです。「マーク・トウェインさんてゆう人が」登場してきて、その人の語りの真実含有度についてやや辛めの評点が下されている。別にマーク・トウェインは文学的前衛性をねらってそんなことをしたわけではないと思います。これは読者を一気にハックルベリー・フィンの「かたわら」に拉致し去る名人芸なんです。この一文で「マーク・トウェインさんてゆう人」はもうこの物語の「オーサー」の地位から引きずり降ろされます。彼はもう物語の背後で自在に登場人物たちを操ったり、作った台詞を言わせたりしている「神のごとき存在」ではなくなる。ハックルベリー・フィンのこの語りそのものが「オーサー」の統御を離れて、少年の発意だけに導かれる自由な語りなのだという印象を読者は抱かされてしまう。この少年の話は信じても大丈夫だとなんとなく思い込んでしまう。だって、少しもえらそうにしないし、少しも利口ぶらないし、人の欠点にもかなり寛容だからです（だれだってどこかでウソつくものだから）。開巻わずか数秒でそういうことをしてしまう。マーク・トウェイン、すごいです。

誰にも属していない。誰にも命令されたり、指示されたりもしない、できあいのどんな規範にも従わない。自分の心と直感に従って生きている。そういう主人公にいきなりリアリティを与えた。これはたいしたものだと思います。

アーネスト・ヘミングウェイはノンフィクション『アフリカの緑の丘』の中で、アメリカ文学をめぐる友人との会話を記録していますが、そこで『ハックルベリー・フィンの冒険』についてこう述べています。

> 「すべての現代アメリカ文学はマーク・トウェインが『ハックルベリー・フィンの冒険』と名づけた一冊の書物に由来する。（…）これはわれわれが手にした最良の本である。すべてのアメリカ的な書き方はこれが源泉である。これに類するものはそれ以前にはなく、以後にもない[4]。」

絶賛ですね。でも、ヘミングウェイがこれだけ高く評価したにはそれだけの根拠があると僕は思います。旅するハックはその目に映る南部の現実を醜悪さも非道さも、美しさも豊かさも、そのままに写生します。「時に静謐で時に荒々しいアメリカ中西部の自然と、時にあたたかく時に残酷なアメリカ社会」をそのまま記述します。それだけではありません。ハックは『トム・ソーヤーの冒険』のときに盗賊たちが隠した宝を洞窟で見つけたので、実は６０００ドルという財産を持つ「カネもち」なんです。でも、ボロを着て、ごろごろしている方が性に合う。「よい子」になるべくダグラス未亡人にきびしくしつけられていますけれど、逃げ出して「悪い子」に戻りたくてしょうがない。ジムとの旅の間は罪を犯しながらもずっと純良な魂を保っている。ハックルベリー・フィンは「葛藤の人」なんです。彼は根源的な葛藤に最初から最後までずっと引き裂かれている。でも、そのことは彼が人間的に成長してゆくことを少しも妨げない。僕はハックルベリー・フィンのこの人物造形がマーク・トウェインの最大の歴史的貢献ではないかと思うのです。南北戦争で深く分断されたアメリカ人たちに向かって、「だれだってどこかで一どや二どはまちがえる。別にそれくらいなんでもないよ」と笑顔を向けた。

誰だって自分の中に対立するものを抱え込んでいる。アメリカだって国内に対立するものを抱え込んでいる。別に、それくらいなんでもないよ。たぶん1885年のアメリカの読者たちは『ハックルベリー・フィンの冒険』のうちに、そういう手触りのやさしいメッセージを読み取って、深い安堵を覚えたのではないか。僕はそんな気がします。

王と呼ばれた男、エルヴィス

ハックルベリー・フィンが南北和解の文学的達成だとすると、分断されたアメリカの国民的和解を音楽的に達成したのはエルヴィス・プレスリー（Elvis A. Presley, 1935–1977）ではないかという仮説を僕は持っております。エルヴィスの「ロックン・ロール」は短期間ではありましたが、アメリカにそれまで誰も達成できなかった「人種的融和」をもたらすことに成功したからです。

1950年代、アメリカのヒットチャートは、ポピュラー音楽とカントリー&ウェスタン、リズム&ブルース（R&B）の三つに分かれていました。白人音楽であるカントリーと黒人音楽であるR&Bの間には乗り越え不能の壁があり、カントリー・チャートとR&

Bチャートに入る曲が「かぶる」ということはまずありませんでした。

「レイス・ミュージック（race music）」というのはR&B、ジャズを含む「黒人音楽」のことですが、「人種音楽」という表現そのものが、それはどういうエスニック・グループに選好されているかということ以上に、そこで偏愛される音楽は決して人種の壁を超えることができないだろうという限界性を示しています。

それはまた地域差でもあります。カントリーは文字通り「田舎の音楽」です。ミュージシャンもリスナーも圧倒的に中西部に偏っています。村上春樹さんがボストンからロサンゼルスまでドライブしたとき、アパラチア山脈からロッキー山脈を越えるまでの2週間、どのFM局を回してもカントリーしか流していなかったと書いていますし、いまでも、ラジオからじゃんじゃんロックが流れてくるのは、東海岸と西海岸だけのようです。その分布はアメリカにおけるレッドステート（共和党支持州）とブルーステート（民主党支持州）とかなりの部分重なります。それほどにアメリカの文化的分断は深いということです。

でも、「全国的なヒット」になるためには、この分断を越えなければならない。可能性があるのは「白人のように歌う黒人歌手」か「黒人のように歌う白人歌手」のどちらかということになります。エルヴィスは後者です（前者の条件に相当するミュージシャンを僕は思いつきません。試みた人はいたのかも知れませんが「全国的なヒット」は達成できなかった)。

エルヴィスはテネシー州メンフィスで少年時代を送りました。両親が貧しかったために黒人が集住する地域に住み、結果的に黒人音楽に深く親しむようになりましたが、カントリーも身体化している。一人の人間の身体の中に二種類の音楽が融合して存在していた。エルヴィスがナショナル・チャートで1位を最初に獲得したのは*I forgot to remember to forget*(1955年)ですが、これはカントリー・チャートでの1位です。エルヴィスはカントリー・シンガーとしてまず認知されたのです。

でも、その後、決定的な転機が訪れます。ある日、エルヴィスがサン・レコードのスタジオでのリハーサル中に、カントリーの大御所ビル・モンローの名曲「ケンタッキーの青い月(*Blue Moon of Kentucky*)」をしだいにテンポを上げながらチャック・ベリーやリトル・リチャードの歌唱法を真似て歌っているうちに、それまで誰も聴いたことのない音楽が生まれてしまった。サン・レコードのサム・フィリップスが偶然それを録音していました。このときエルヴィスが歌った「ケンタッキーの青い月」が「ロックン・ロールの誕生」と呼ばれているのは、そこでカントリーとR&Bがはじめて音楽的に融合したからです。

その後、エルヴィスは「ハートブレイク・ホテル(*Heartbreak Hotel*)」(1956年)でポップス、カントリーで1位、R&Bチャートで5位という歴史的な記録を打ち立てました。エルヴィス以前にはカントリー・チャートとR&Bチャートに同時にチャートインしたミュージシャンは同じサン・レコードのカール・パーキンスしかいません。彼の「ブルー・スウェード・シューズ（*Blue Suede Shoes*）」（1956年）はカントリー1位、ポップス2位、R&B3位を記録しました。

でも、その全キャリアを通じて3チャートで1位になったことがあるミュージシャンはエルヴィスの他にはエヴァリー・ブラザースがいるだけで、エヴァリー以後は存在しません。その事実からだけでも人種の壁を越えてヒット曲を創り出すことがどれほど困難であるかは窺い知れるはずです。

1955年から58年にかけてというごく短い期間でしたけれども、テネシー州のメンフィスやナッシュビルという、これまたごく狭い地域において、伝統的な黒人音楽と白人音楽が融合したまったく新しい音楽が生まれました。そのこと自体は音楽史的には周知のことですけれども、人種間の壁に阻まれていた二つの音楽ジャンルを「和解」させたことは、ただ新しいジャンルを切り拓いたという以上にアメリカ史において画期的なことだったと思います。

エルヴィスは「キング」と呼ばれています。いまに至るまで「王」と呼ばれるミュージシャンはエルヴィス以外にはいません。それはアメリカのオーディエンスが一時的にではありましたが、50年代末のある一瞬だけ「分断されていた国民を統合した人」として彼を認知し、その偉業に対して真率な敬意を表していることの証だろうと思います。

FBIの弾圧

エルヴィス、カール・パーキンス、ジーン・ヴィンセント、エディ・コクラン、ロイ・オービソン、バディ・ホリー……といった「ロックンロールの殿堂入り」のミュージシャンが活躍していた時期は一時的にではあれ人種間の音楽的和解が達成したように見えましたけれども、それが可能だったのは、その直前のマッカーシズムによるシリアスな国民的分断が1954年にマッカーシーの譴責決議で一応の終わりを迎えたこともかかわっていたようです。エルヴィスの「ハートブレイク・ホテル」がヒットチャートに躍り出たのは1956年のことで、この年が「ロックンロール元年」と言われていますが、そのこととアメリカの政治風土が少しだけ風通しがよくなったことは無関係ではないと思います。

マッカーシズムはアメリカという国の「弱さ」をあらわにしました。マッカーシーに屈したのは政治家や官僚たちだけではありません。非政治的な領域でも、「非米」的な活動というラベルが貼られた活動は組織的に排除されました。

よく知られているように、映画界が真っ先にその標的になり、議会への召喚や証言を拒否した人たち「ハリウッド・テン」が有罪判決を受けて、映画界から追放されました。脚本家ダルトン・トランボ（Dalton Trumbo, 1905–1976）も「ハリウッド・テン」の一人です。しかし、トランボは活動を禁じられていた間も偽名で『ローマの休日』と『黒い牡牛』の原案を書き、それらの作品はアカデミー賞を受賞しました。『スパルタカス』『栄光への脱出』のシナリオも偽名で書き、これも興行的成功を収めました。ですから、彼らの才能を惜しむ映画人のひそかな抵抗はなされていたのです。

当局が作成したブラックリストに載っていた中にはハリウッドの中核的な映画人やシナリオライターが含まれていました。オーソン・ウェルズ、チャールズ・チャップリンもリストにありました。アーサー・ミラー、リチャード・ライト、アーウィン・ショー、ダシール・ハメットといった作家たちもリストアップされていました。チャップリンもアメリカにいられなくなり、ヨーロッパに移住しています。

あまり知られていないことですが、音楽もマッカーシズムの標的にされました。以前、大瀧詠一さんが『アメリカン・ポップス伝』という企画でアメリカのロックン・ロールの歴史を回顧する音楽番組を放送したことがあります。エルヴィスがどれほど「前代未聞」の存在であるかを論じるのが話題の中心でしたけれども、そのエルヴィスのオリジナリティを際立たせるために、第1回の放送では、1951年から1956年までのポップス、カントリー、R&Bチャートのそれぞれトップ1の曲を一気にかけました。それまでのそれぞれのチャートで選好されたヒット曲とエルヴィスの音楽間に巨大な「断絶」があることを耳で確認してもらおうとしたのです。

放送の何回目かが「アメリカにおけるフォーク」についてのお話でしたけれども、そのときに大瀧さんが1951年から56年までの間に、フォークソングがどのチャートでも一度もトップ1になっていないという事実を指摘しました。あるジャンルの曲がトップ1になっていないと聞いても、ふつうは「流行ってなかったんじゃない」としか考えませんけれど、大瀧さんは「起きたこと」を説明するよりも、「起きてもよかったはずのことが起きなかった理由」を考えるタイプの知性でした。

1950年にウィーヴァーズ（The Weavers）というフォークグループの「グッドナイト・アイリーン（*Goodnight, Irene*）」が大ヒットして、ポップチャートの1位になっています。その次にフォークのナンバーワンヒットになったのは1958年のキングストン・トリオ（The Kingstone Trio）の「トム・ドゥーリー（*Tom Dooley*）」です。間に実に7年のブランクがあります。なぜか。大瀧さんはこれをマッカーシズムの影響と考えました。

ウィーヴァーズのフォークソングは反戦平和主義、反資本主義、反差別を訴えるものでしたし、メンバーのリー・ヘイズとピート・シーガーはアメリカ共産党員だったことがあるかの証言を求めて下院の非米活動委員会に召喚され、回答を拒否したことでブラックリストに載ることになりました。以後、ウィーヴァーズはFBIの監視下に置かれ、マッカーシー時代にはテレビやラジオで演奏することが不可能になり、ミリオンセラーを連発していたにもかかわらず、デッカ・レコードは契約を打ち切り、カタログから彼らの全曲を削除しました。これを見て、他のレコード会社も、フォークソング、反戦歌、労働歌の類の制作を停止したのです。

マッカーシー自身の政治的没落以後も「赤狩り」の余波はしばらく続きました。ウィーヴァーズがカーネギーホールで歴史的な再結成コンサートを開いたのが1955年12月。

そして、テネシー・アーニー・フォードの「16トン（*Sixteen tons*）」、ハリー・ベラフォンテの「バナナ・ボート（*Day-O／The Banana Boat Song*）」などの労働歌が相次いでチャート1位になって、マッカーシズムによる音楽的な抑圧の時代の終わりが確認されたのでした。

アメリカの音楽はそうやって復活したわけですけれども、政治的圧力によって、ある種の音楽ジャンルが数年にわたって放送することもレコード制作することもできなくなったという歴史的事実は忘れるべきではないと思います。

（1）W・Z・フォスター『アメリカ合衆国共産党史（上）』合衆国共産党史刊行委員会訳、大月書店、1954年、9頁
（2）マーク・トウェイン『ハックルベリー・フィンの冒けん』柴田元幸訳、研究社、2017年、訳者による解説、532頁
（3）同書、10頁
（4）Ernest Hemingway, *Green Hills of Africa*, Mustbe interactive, 2014, 286／3548（アーネスト・ヘミングウェイ『日はまた昇る／アフリカの緑の丘』高村勝治、西村孝次訳、三笠書房、1964年）

第8章

農民の飢餓

中国崩壊のパターン

アメリカの統治システムは自由と平等という二つの原理の葛藤によって政情が不安定になると同時に、そこから活力を得てもいます。葛藤は人を成熟させる。国についても事情は変わりません。翻って、アメリカと覇権を競っている中国の統治システムはどのような原理によって制度設計されているのでしょうか。

いまの中国は人口14億人を超えています。歴史上、これほど多くの人口を抱えた国は存在しません。14億人と言えば、19世紀末の世界人口です。日清戦争、米西戦争、義和団事件の頃の世界の人口と同じ人たちをいまの中国は単一政府で統治しているのです。それがどれほど困難な事業であるか、僕たちにはなかなか想像が及びません。

中国は多民族国家です。9割は漢民族ですが、モンゴル族（600万人）、チベット族（550万人）、ウイグル族（1350万人）、満州族（1000万人）、朝鮮族（180万人）、チワン族（1600万人）、回族（1000万人）など55の少数民族がいます。数字を見ればわかる通り、「少数」と言ってもあくまで漢民族に対して少数ということで、チワン族、ウイグル族、回族などは単立の国民国家を形成できるほどの人口数です。少数民族の総数は日本の人口と変わりません。

ですから、中国では統治コストは外敵の侵攻と同じくらい、あるいはそれ以上を国内治安に投じなければならないという、他の先進国ではあまり見ることのできない負担を抱えています。何年か前に、治安維持予算が国防予算を超えたという報道がありましたが、これは統治機構にとってのリスク・ファクターは国外よりも国内に存在するということを統治者が実感しているということを意味しています。

日本の防衛費はＧＤＰの１％、６兆円超ですが、公安を担当する警察庁の予算はテロ防止、緊急事態対策から交通環境、災害復旧まで含めて３２００億円。中央政府のハードパワーが低下すると、少数民族が分離主義的な動きを示して、コントロールが効かなくなるというようなリスクを日本政府は考える必要はありません。でも、中国政府にとってはその懸念が統治上の最もシリアスなリスクだということです。

中国における統治モデルは「華夷秩序」です。世界の中心に中華皇帝がいて、そこから「王化の光」が同心円的に放出されている。「光」に浴した人々は「王化」され、中華文明を享受できるけれど、中心から遠ざかるにつれて光量が減じ、禽獣に類する蛮人たちが蟠《ばん》踞《きょ》する薄暗い辺境が広がる。王化の度合いは国名から判定できます。王化されたエリアの国名は漢字一字。辺境になるにつれて漢字の文字数が増え、獣偏のついた「蛮族っぽい」名前になります。日本は匈奴、鮮卑、渤海、朝鮮、台湾と同じく「国名二字グループ」に登録されていますけれど、「邪馬台国」は漢字四字で、「邪」と「馬」という貶下的な意味の文字が使われています。

中国では王朝の交代は繰り返し行われました。「易姓革命」と呼ばれます。天子の徳がなくなれば、天命により別姓の天子が代わる。天子の徳がなくなる亡国の徴候はだいたい同一パターンです。失政により統治機構が腐敗し、飢饉が起きて農民の流民化が始まる。その混乱に乗じて地方から謀反の指導者が登場して、それぞれがローカルな「王」を名乗る内戦状態になる。あるいは域外の異民族が帝国内に侵入する。

中国史ではこのパターンが何度も繰り返されてきました。扮装と舞台装置が変わるだけで、中央による統制の弛緩、飢饉、農民の流民化、内戦状態というパターンは殷から周への王朝交代から清から中華民国さらに中華人民共和国への政権交代まで同一です。ですから、権力者の腐敗、農民の窮迫、貧民の流民化、民衆蜂起……という「いつか見た徴候」が登場すると、中国人はほぼ宿命的に「王朝が終わる」という確信を抱くことになる。ですから、この「徴候」を顕在化させないことが統治者にとっての最優先課題になります。そして、現代中国でも、これらの「亡国の徴候」は萌芽的には検知されます。

3億人の農民工

ノンフィクションライターの山田泰司さんが中国の農民工を10年にわたって取材した『食いつめものブルース』というノンフィクションがあります。「農民工」とは農村部から都市部に出稼ぎのために出てきた人たちのことです。山田さんの本によれば、2016年時点で、農民工は2億8171万人。人口の5人に1人が農民工という計算になります。彼らはその本来の土地を離れて、都会に出て一種の「流民」となっています。職を求めて多数の農民が国内を移動する様子を「民工潮」とか、あてどなく漂流するさまから「盲《マン》流《リュウ》」と呼ばれたりしていました。

中国では農村と都市で戸籍が分かれており、農村から都市への移動は厳しく制限されています。ですから、農民工はイリーガルな存在です。しかし実際には、2008年の北京オリンピックやその後の上海万博などの大規模事業は農民工のマンパワーなしには実現できませんでした。
山田さんは90年代の中国の大都市のターミナル駅で、農民工たちが地べたに座り込み、広場を埋め尽くしている光景を報告しています。宿泊する当ても、仕事の当てもなく、とりあえず都会に出てきた人たちです。仕事が見つかるまで吹きさらしの駅前広場で何日も寝泊まりする。印象的だったのは、彼らがスーツを着ているというエピソードでした。もちろん野宿しているわけですから、スーツはよれよれで薄汚れており、破れかけている。建設作業の仕事が決まると、スーツを着たままツルハシを担いで労働する。

「彼らはおしなべて『都会で一旗揚げてやるぜ』と高揚してやる気を見せているわけではなく、むしろ無言で無表情だった。しかしその無表情や、彼らの一張羅《いっちょうら》であろうスーツの下から、田舎から都会に出てきた彼らの張り詰めた気持ちが伝わってくるような気がしたし、彼らにはそのスーツしか着るものがほかに無いのだということも容易に分かった。そして、スーツ、無表情、無言、地べたに座り込み寝転んでいる姿のすべてから彼らは、生きるためにならこだわりなく何でもする、言い換えれば、ここにこうしているしかオレたちに生きる術はないんだという気を発していた。(1)」

山田さんが取材した農民工の一人は河南省の農村から上海に出てきてゴミ拾いをしていましたが、故郷では2000平米の畑で小麦とトウモロコシを作って、年収が2000元(当時のレートで3万2000円)だったそうです。三食食べることはできますが、それだけ。子どもを育てて、学校に行かせようと思ったら、都市に出て現金収入の道を探すしかない。

3億の農民工の学歴は「就学したことがない」が1・0%。「小卒」13・2%、「中卒」59・4%。つまり、農民工の7割以上が中卒以下の学歴しかありません。(2)

北京、上海などの都市部エリートの消費生活の豪華さを見て「これが中国だ」と思っていると、都市と農村の経済格差はなかなか可視化されません。

「もののはずみ」の経済格差

中国の経済格差にはこの他にも中国固有の特徴があります。それは、短期間で格差が急激に拡大したことです。何世代もかけてゆっくり格差が広がる場合でしたら、富裕層と貧困層は接触機会がしだいに減ってゆきます。ですから、しだいにお互いに「縁なき衆生」

になり、貧者が富者を見て、「自分もあんなふうになりたい」とダイレクトな羨望を抱くということはあまり起きない。僕たちが羨望したり嫉妬したりするのは、自分と似たような条件なのに、自分より「いい思い」をしている人間に対してです。「そこはオレがいてもよかったポジションだ」と思うから羨望し、嫉妬する。

『食いつめものブルース』で紹介されていた話ですが、上海の一角に、経済的に貧しい人たちが集まって暮らしている地域がありました。そこに道路が通る計画が持ち上がり、土地が買い上げられた時、たまたまその土地に住んでいた人には巨額の土地代が支払われ、一夜にして大金持ちになった。でも、すぐ横の道が通らない土地の住民の生活は以前と変わらなかった。こういうドラスティックな仕方で経済格差が生じると、人は「理不尽だ」と怒ると同時に「自分の身にも同じことが起きるかも知れない」と希望を抱くようになる。不思議な話ですけれども、努力とも才能とも関係なく、「もののはずみ」でリッチになった人が間近にいると、自分にも「もののはずみ」が訪れるかも知れないと思うようになる。そう言われればそうかも知れません。山田さんはこの心理についてこう書いています。

「過酷な環境、圧倒的な都会人との格差にも愚痴を漏らさず、黙々と、淡々と働き続ける農民工たちのたくましさに、私は畏怖《いふ》に近い念を覚えた。また、中国は農民工たちの底知れぬ寛容さに支えられているとも思った。／彼らのたくましさと寛容は、いったいどこから来るのか。／一つには、明日には自分の番が回ってくる、と信じられるだけの希望があること。／そしてもう一つは、現在四十代までの世代には、自分たちの幼少期や青年期に比べ、中国が着実に豊かに、確実に良くなっているという思いがあることが大きい(3)。」

すさまじい経済格差がありながら、国民の不満が抑制されているのは、自分にもそのうち富裕になるチャンスがめぐってくるという期待があるからだという説明には説得力があります。でも、この期待が維持されるためには、「中国はこれから豊かになり続ける」という成長の保証が要ります。ある時点で「成長が止まりましたので、みなさんにはもうリッチになるチャンスはありません」と宣言されたら、3億の農民工たちの勤労へのインセンティブは深く傷つけられる。

でも、中国がこれからも経済成長を続けられるかどうか、あまり楽観的にはなれないと僕は思います。一つは前に書いたように、これからの経済活動を牽引するのは、まったく新しいテクノロジーを生み出すイノベーターですが、中国はアメリカに比べると世界からイノベーターを引き寄せる条件においては劣勢に立っているからです。

もう一つは人口動態です。この40年、中国の成長は驚異的でした。でも、その土台には生産年齢人口の急増という事実がありました。この40年で人口が4億人増えたのです。人口増は資本主義の発達にとって必須の条件です。しかし、アメリカ連邦政府の統計では、中国の人口は２０２７年にピークアウトします。中国の合計特殊出生率はすでに30年前から人口置換水準の２・１を割り込んで、現在は１・６という低率です。北京や上海のような都市部ではすでに１・０以下と想定されています。

生産年齢人口の減少は２０１５年から始まっており、これからも減り続けます。一方で65歳以上の高齢者人口は２０４０年までに3億2５００万人に増加。２０４０年には15歳未満の人口の2倍の高齢者人口を抱えることになります。中央年齢も、１９９０年には25歳以下でしたが、２０２０年には38・4歳、２０４０年には48歳という現在の日本の水準に達します。何より１９７９年から２０１５年まで続いた「一人っ子政策」のせいで、人口構成に大きなひずみが出てしまいました。アメリカのチャイナ・ウォッチャーはこう書いています。

「一人っ子政策のもとで、親は女児を妊娠しても中絶を選択することが多かったために、幼児と子供世代の男女間バランスが近代世界では例をみないほど極端に崩れている。いずれ中国は、その多くが地方の困難な環境で暮らし、結婚することも子供をもつことも、家督を維持することもできない数千万の男性人口の存在に対処していかなければならなくなる(4)。」

中国では伝統的に個人の経済リスクは親族ネットワークがセーフティネットとして機能してきましたが、都市部で暮らす若者の中には「2世代続けての一人っ子」がいます。彼らは兄弟姉妹もいないし、おじおばもいないともいません。中国社会は2500年にわたって「家」を基盤にして形成されてきたわけですけれども、「家の時代」が終わると、中国は「未知の領域」に突入することになります。果たして、それに対する制度的な備えがあるかどうか。

「中国を共産化する」という解決策

僕は政治の行き先を予想する時は、自分はその国の若手官僚であると想定して、もし上司から「この難問を君ならどうする？」と訊かれた場合にどんなレポートを書いて出すかを想像してみることにしています。僕自身の利害得失や好き嫌いはわきに置いて、課題を出された当事者の気持ちになって考えてみる。

では、上司から「高齢化する中国社会で、親族ネットワークが機能しなくなった場合に、どういう対策を立てたらよいか」と下問されたら、さて何と答えるか。僕なら一晩考えて、たぶん「ここは一つ、共産主義国家になりませんか」と提案すると思います。

中国は公式には共産主義の国ですけれど、実態は違います。残念ながら、すべての国民が等しく良質な教育や医療や行政サービスを享受できる仕組みがありません。でも、そういう仕組みを作る以外に、これから中国が直面する人口動態上の難問に対処する方法はない。そもそも全国民が等しく健康で文化的な生活ができることこそ中国共産党が革命を通じて実現しようとしていたわけですから、これは建国の本旨に立ち返ろうという話です。

「中国を共産化すること」というのが僕が提出するレポートの結論なんですけれども、おそらく中国共産党の幹部たちはそのレポートを読んで嫌な顔をすると思います。いまの中国ほど身分の格差が激しい社会はなかなか見当たらないからです。そして、平等を達成するということは、権力を持ち、富裕である人々が、私権の行使を抑制し、私財の相当部分を吐き出してそれを公共財として供託することなしには実現しません。でも、これまで中国で権力者たちが日常的に行ってきたのは、公権力を私的に用い、公共財を私財に付け替えることでした。

そういう観点から見て、注目すべきは、習近平が権力の座について最初に手がけたのが前例を見ない規模の反政治腐敗キャンペーンだったことです。この点について言えば、彼は「共産党は倫理的に潔白でなければならない」という共産党の原点に立ち戻ったと言ってよいと思います。習近平が王岐山を登用して行った反腐敗キャンペーンは「ほとんど理解の範囲を超えた」規模のものでした。当局は270万人以上の公務員を調査し、150万人以上が処罰されました。その中には7人の中央政治局メンバーと閣僚、約20名の将軍が含まれ、うち2名が死刑に処されました。(5)

摘発対象はほぼ網羅的なもので、数が数ですから、これを習が政敵を排除するためだけに行ったものとは考えられません。実際に彼はその後もいまに至るまで政治腐敗の摘発を続けています。先日も中国政府は過去10年間で465万件の腐敗案件を摘発したと公表しました。果たして、「反腐敗闘争」はこのまま奏功して、中国は腐敗のない国になるのでしょうか。僕は困難だと思います。中国で腐敗が横行するのは構造的な理由があるからです。

国有企業では経営責任者は共産党の幹部です。製造業でも金融機関でもトップは党幹部です。経済政策の決定者が営利企業を経営している。建設事業を所轄する役人が建設会社の社長を兼務している場合に「自分で自分に発注する」誘惑を逃れることはずいぶん困難だと思います。地方政府の高官や党幹部は地位を利用すればいくらでも蓄財できる仕組みになっているのです。ですから、清廉潔白であるためには例外的な努力と孤立が求められる。これは統治機構にとってきわめて危険なことです。「組織が腐敗していることをみんなが知っている」というのは言い換えると、「誰かが腐敗名目で逮捕投獄されても誰も驚かない」ということだからです。

組織的腐敗がなされている場合に、関係者全員を逮捕投獄してしまうと、統治機構も経済活動も停滞してしまいます。ですからどうしても「一罰百戒」ということになる。恣意的に何人かを「みせしめ」的に処罰して、あとの人たちに抑制的にふるまうように脅しをかける。たしかに「一罰百戒」は効果的なのです。栄耀栄華をきわめている高官たちのうちの誰が明日没落して囚人服を着せられることになるか誰にもわからない。処罰される「いけにえ」に次に誰が選ばれるのか、合理的な基準が示されていないことが「一罰百戒」を効果的なものにします。ですから、このシステムでは「誰を失脚させるか」の決定権を持つ人間は法外な権力を手にすることになります。

かつて重慶で「独立王国」を築いてのちに失脚した薄煕来《はくきらい》という人がいたことをご記憶でしょうか。習近平のライバルと目されたエリート政治家でした。外資導入で驚異的な経済成長を成し遂げ、貧困層に対しては格差是正・平等実現をアピールして大衆的なポピュラリティを得ましたが、彼が重慶で「王」と呼ばれるほどの独裁的権力を得るに至ったのは反腐敗キャンペーン「打黒《ダーヘイ》」の成功によってでした。

反腐敗キャンペーンは、市の公安当局の汚職事件を暴いて、1500人の「腐敗幹部」から始まり、以後次々と高官や将軍や地下経済の関係者を逮捕して、薄は大衆的な喝采を浴びました。

でも、もともと要人や高官であれば誰でも不正蓄財できるように組織が作られているわけですから、反腐敗キャンペーンというのは、実力者全員を「いつ摘発されるかわからない」状態に追い込むことを意味しています。エリート全員の生殺与奪の権限をトップひとりが握っていることになる。薄熙来自身の共産党書記としての月給は1万元（当時のレートで13万円）でしたが、逮捕後に判明した薄一族の不正蓄財は60億ドルに達していました。

ここから知れるのは、「誰でも不正蓄財できる組織」を一度作ると、「誰がどういうふうに汚職をしているのか」について情報を占有する人間が悪魔的な権力を握るようになるということです。現に、その権力をふるって薄熙来は重慶市警だけでなく、軍区の人民解放軍をも傘下に収め、重慶を独立王国化することに成功したのでした。警察や軍の上層部を頤使《いし》することができたのは、彼らもまた告発されたらただちに投獄される程度に腐敗していたからでしょう。

組織内での対立がイデオロギーや政策の適否をめぐるものであれば、言論を通じての多数派工作が可能ですけれど、対立があった場合に反対者を「腐敗幹部」と名指ししていきなり逮捕できる場合には、誰も逆らえません（本当に腐敗しているわけですから）。

いまの中国で習近平が誰も逆らえないほどの権力を持っているのは、幹部が腐敗するように制度設計されていることの帰結と言えるかも知れません。党幹部として出世できれば、巨大な利権にアクセスできる。たしかに、それは上位者に対して忠誠心を持つことと党へ貢献することへの強いインセンティブになります。でも、いったん幹部になってその地位がもたらす不当な恩沢に浴するようになると、今度は「自分の不正を知っている人間には逆らえない」という恐怖に囚われることになる。これによってトップダウン組織はより揺るぎないものとなる。「不正利益」で釣っておいて、「処罰の恐怖」で身動きできなくする。よくできた仕組みです。

ですから、習近平がこれからもその独裁的な権力を保持しようと願うなら、腐敗を生み出す構造はそのまま温存し、かつ苛烈な「反腐敗闘争」はエンドレスに続けるということになるでしょう。腐敗が完全に一掃されたら、利己的な動機から上位者におべっかを使う党員は減るし、清廉潔白な党幹部たちは上位者に諫言することをためらわなくなるからです。それでは上意下達的統制が効かなくなる。だから、習近平は腐敗を生み出す構造は温存し、定期的に「反腐敗キャンペーン」で高官を処罰するという「マッチポンプ」をこの先も続けるだろうと僕は予測します。

ＦＢＩに48年間君臨したＪ・エドガー・フーヴァーは政治家たちのプライベートな醜聞をこまめに蒐集することでその地位を保ちました。でも、彼はその情報を政治的利器として有効活用するために、公開を自制しました（「ばらすぞ」と脅すことで政治家たちを操作しようとしたわけですから）。結果的に多くの不道徳で犯罪的な政治家が野放しにされました。つまり、フーヴァーは政治家たちが不道徳であったり、不正を犯したりしていることから大きな利益を得ていたわけです。ですから、彼は内心では「できるだけ多くの権力者が不道徳かつ犯罪的な人間であること」を願っていたはずです。

そういう人が巨大な権限を持つ場合、社会がより公正で人間的なものになるということは論理的にはあり得ません。

「ポスト習近平」の時代

中国の「一国二制度」というアイディアは、日本人にはなかなかわかりにくいものだと思います。日本は四方を海に囲まれている島国ですから、国境線はあたかも自然物のように存在する。だから、「日本であるような、ないような地域」というようなものが周辺に存在するという事態をうまく想像できない。竹島とか尖閣諸島とかで日本人が非常にナーバスになるのは、「どちらに帰属するかわからない土地」が周辺にあるとすごく気持ちが悪いからでしょう。

でも、世界中の人がみんな同じような「国境感覚」を持っているわけではありません。大陸にある国では、山脈とか大河のようなデジタルな境界線が「自然物」のように存在するという事例はむしろまれです。ほとんどは地続きであり、アルザス、ロレーヌや東プロイセンのように国際関係が変わると帰属先も変わるという例も珍しくありません。国ごとに「国境」という概念は微妙に違っています。

その中にあって中国の国境感覚はかなり例外的なものだと思います。先ほど書いたように、華夷秩序コスモロジーにおいては「ここまでが中国で、ここから先は違う国」という截然《せつぜん》とした線引きがあり得ないからです。

中華皇帝の発する王化の光が同心円的に広がるというモデルで考える限り、「あまり王化の光が届いていない国」は「中国ではない異国」とはみなされません。中華皇帝が実効支配しない辺境であっても、そこは「土着の蛮人たちが高度の自治を許されているけれども、本来は王土」です。ですから、皇帝に朝貢すれば、質量ともそれをはるかに上回る下賜品を与える。辺境は支配や収奪の対象というよりは、「王化の光」がどれほどあまねきものであるのかを定期的に確認するための指標でもあるわけです。

漢委奴国王《かんのわのなのこくおう》の金印を受け取った北九州の支配者はおそらく後漢の光武帝から印綬を下賜されて「高度の自治」を保証されたのでしょう。邪馬台国の女王卑弥呼も使者を魏帝に送り、奴隷10人と布を献上しました。皇帝はこれを嘉納して、代わりに女王に「親魏倭王」の称号と金印紫綬、銅鏡など豪華な下賜品を与えました。ですから、この辺りの土地は(邪馬台国がどこにあったのかはまだ確定しませんが)、中華皇帝にしてみると「あまり王化の光が届いていない中国の辺境」であるけれど、主観的には「王土の一部」にカウントされていたと思われます。

中国の辺境に対する基本的な構えはこれです。どこの誰かも知らないような蛮地の王であっても、礼を尽くして朝貢すれば官位を与え、たっぷりと財を下賜する。逆に、辺境人が「われわれの土地は中国ではない」という宣言をなして、デジタルな国境線を引くことは許さない。

「一国二制度」というのは、アナログな連続体として中華帝国を観念する華夷秩序コスモロジーの延長上に置くと理解しやすいと思います。つまり、本来は王土なのだが、皇帝は別に実効支配する気がないので、礼を尽くして朝貢する限りは高度の自治を認める。その点では中国の伝統的な辺境支配のロジックに従っている。台湾や香港やマカオの「一国二制度」もたぶんそのロジックによって正当化されてきたのだと思います。「正当化」まではゆかないにしても、「あまり気持ちが悪くない」ものとして受け止められてきた。

そういう血肉化したコスモロジーは簡単には変わらない。僕はそう思ってきました。けれども近年の香港、台湾、新疆ウイグルに対する中国政府の態度を見ていると、いまの中国共産党指導部は「一国二制度」が「なんだか気持ちが悪い」と思うようになってきたように見えます。脱‐中華コスモロジーというか、国境概念の「世界標準準拠」です。つまり、「王土」である以上、そのすべては皇帝の官僚によって直接統治されるべきであり、土着の者たちによる自治などは認められないという考えに変わってきているように見える。中国人の伝統的な国境感覚が急速に希薄化して、「ふつうの国民国家」の国境感覚に移行しているように見える。

「急速に」という印象を僕が抱くのは、40年前、鄧小平の時代までは「一国二制度」は中国人にとって「別にそれほど気持ちが悪くない」ものだったようだからです。ご記憶でしょうけれど、鄧小平は尖閣諸島の帰属について、「われわれの世代では知恵が足りなくて解決できないかも知れないが、次の世代は、われわれよりももっと知恵があり、この問題を解決できるだろう。この問題は大局から見ることが必要だ」と言って「棚上げ」を提案しました。

われわれ日本人は「種族の思想」として「ややこしい問題は先送り」というソリューションを好みます。中国人は「辺境は帰属があいまいでも別に構わない」という別の「種族の思想」を持っています。その二つが（もともとはまるで別のものなんですけれど）、なんとなくなじんで、国境問題が緊急な外交問題になることをとりあえず回避できた。

同じ頃に鄧小平は、新疆ウイグルでも、イスラーム信仰を認め、アラビア語、ペルシャ語の学習や民族文化の保護を進めました。中国国内のイスラーム系民族を、ウイグル、キルギス、タジキスタン、カザフスタン、ウズベキスタン、トルクメニスタン、アゼルバイジャンを経由してトルコに至る「スンナ派テュルク族ベルト」に繋がる回廊の入り口として活用しようとしたのです。このアイディアはその後の「一帯一路」構想に部分的に採り入れられています。

でも、香港の自治の廃止、台湾への軍事的圧力、インドとの国境紛争、新疆ウイグルでの分離主義の弾圧など近年の習近平の「戦狼外交」を見ると、鄧小平の時代の世界戦略とはどうやら逆行しているように見えます。チャイナ・ウォッチャーは、習近平の独裁体制で、中国政府上層部での意思決定プロセスがこれまでと変わり、鄧小平時代のリスク回避型の外交とはまったく違ったものになったと見立てています。

果たしてこれが中国人の総意なのか、それとも独裁者の個人的な偏向なのか。軽々には答えが出ませんけれども、僕は「ポスト習近平」の時代には（米中戦争やロシアとNATOの第三次世界大戦が勃発する前に）、おそらく中国人は再び伝統的な「華夷秩序」モデルに復帰するのではないかと思っています。かなり希望的観測ですけれども。

タブー化する少数民族

中国の国民監視システムはたぶん世界一です。顔認証、虹彩認証、声紋認証などによる個人の特定、ショッピング履歴、銀行取引、医療履歴などのビッグデータを処理して、国民一人ひとりに「社会的信用スコア」を付与しています。このスコアが高い「社会的信用が高い市民」は海外旅行申請の迅速な処理、光熱費の割引、監視頻度の引き下げなど幅広い恩恵を享受できるそうです。[6] 逆に、社会的信用スコアの低い市民はアパートが借りられなかったり、飛行機や鉄道の移動を禁止されたりします。

これは僕の勝手な想像ですけれども、たぶんいまの中国政府は社会的信用スコアとネット・コミュニケーションの利便性を相関させるテクノロジーを開発していると思います。というのは、市民にとって一番つらいのは、携帯やPCでネットに接続するまでに時間がかかったり、ネットでしか申請できないサービスに回線がつながらなかったり、必要な情報のダウンロードにすごく時間がかかったりする「ストレス」だからです。僕もNetflixでドラマを観ている最中にぶつぶつ配信が切れたりしたら、気が狂いそうになりますから。

接続時間や情報容量はアナログな連続体ですから、「社会的信用スコア」に相関させて自動的に調整することは技術的には可能であるはずです。「社会的信用の高い市民」は一瞬でネットに接続できるのに、「低い市民」は1分待たないといけないというような仕掛けは「人権侵害」としてはずいぶんお手柔らかなものですけれど、本人の受けるストレスはかなりきつい。

中国の国民監視テクノロジーは社会的統制と市民の懐柔が境界線があいまいなままにアナログに連続していることです。[7] このテクノロジーのすごいところは、「社会的信用スコアは上げようと思えば上げられる」という仕掛けにあります。中国では、「テロリスト」とか「分離主義者」とかに一度カテゴライズされたら、社会的には抹殺されます。でも、そこまで極端なところにゆかなくても、政府に対して市民たちが抱く不満は五十歩百歩です。これを「良民」と「悪人」に截然と二分することには無理があります。それよりは、国民たちが「進んで良民のふりをする」インセンティブを高める方が実効的です。「最近どうもネットの接続状況が悪いぞ……」と感じたら、SNSで中国共産党を絶賛してみたり、習近平の本をネットで大量購入したりする。すると、その行動が社会的信用スコアにただちに反映して、それまで取れなかったコンサートのチケットが取れ、いつも一杯だったホテルの予約がとれた……というような仕掛けはいまの中国の国民監視テクノロジーをもってすれば簡単に作れると思います。僕が中国の治安当局の下っ端役人だったら、絶対にこのアイディアを上司に提言していますけれどね。

中国の国民監視テクノロジーはシンガポールやアフリカの独裁国家に「輸出」されており、いまや中国が世界に誇る「商品」となっているそうですが、それは単なる「国民監視」のテクノロジーにとどまらず、「良民化」という教育的効果も兼ね備えたものだろうと僕は考えております。妄想かも知れませんけれど。

新疆ウイグルにおける少数民族弾圧は報道が規制されており、欧米のジャーナリストがほとんど現地に入れないため、詳しくは知られていません。僕もいろいろ読んでみましたけれど、信頼性の高い情報はなかなか得られません。一般の中国人には、このニュースは伝えられていないのかも知れませんし、「新疆ウイグル」という文字列をメールやSNSに書き込んだら、それだけで社会的信用スコアが下がるんじゃないかという市民の「恐怖」もたぶんこの無関心には関与していると思います。

僕は2007年にミシマ社から『街場の中国論』という本を出版しました。大学院ゼミで中国論をした時に話したことを本にまとめたものです。しばらくして中国の出版社から翻訳のオファーがありました。そのときの先方からの条件が「文化大革命と少数民族について書いた章はカットさせてほしい」というものでした。なるほど、この二つのトピックが中国では「タブー」なんだなということがそれで知れました。

文化大革命は10年間続き、死者2000万人と言われる壮絶な内戦です。大規模な虐殺や粛清が行われましたが、中国は国家機密としていまに至るまでその全貌を明らかにしていません。ですから、『文化大革命』という文字そのものを書くな」という事情はわかるんです。でも、少数民族については、「少数民族を統制する中国政府にとってかなりの難問であるだろう」という当たり前のことを書いたにすぎません。それでもその章をカットしろと言ってきた。そういう条件だったら翻訳はお断わりしますと返事をしたのですが、いまから思うと、多少の検閲があっても、隣国から中国がどう見えるのかということを中国人読者に伝える貴重な機会を逸したのは、ちょっともったいなかったです。

オスマン帝国への警戒感

中国が新疆ウイグルという「異民族の土地」に「高度な自治」を認めず、実効支配にこだわるのはいくつか理由が考えられます。一つは、ウイグルに石油、天然ガス、レアメタルなどの地下資源があることです。でも、ことが「金の話」であるのなら、アメリカから「ジェノサイド」と非難されるような民族弾圧にまで踏み込むとは考えられません。たぶん放置しておくと、この地域が「高度な自治」からさらに踏み出して「分離」を求める民族運動が起きる可能性が高いと判断したからでしょう。

習近平の「一帯一路」は、陸路と海路によって中国とヨーロッパを結ぶ巨大な経済圏をつくるという構想です。この構想は単なる経済政策ではありません。地政学的な重要性のある構想です。「一帯一路」のうち、陸路の「シルクロード経済ベルト」はウイグルから、トルコに至るイスラーム教スンナ派のテュルク系諸族の土地です。国籍は異なりますが、ここに住む人々は同一人種、同一宗教、同一の遊牧民族文化の集団です。これらの国々が仮にトルコの指導下でゆるやかな同盟関係を結ぶようになると、中国の西側に巨大な「スンナ派テュルク族ベルト」ができ上がります。

イスラーム法学者の中田考先生から伺ったところでは、トルコのエルドアン大統領はそういう「オスマン帝国の版図を再構築する」という壮大な構想を持っているらしいです。かつてソ連崩壊の後、この地に乗り込んで行って、トルコ主導で地域をまとめようとする構想があったそうですが、当時の旧ソ連のイスラーム諸国は直前までアメリカと比肩する世界の覇権国家の一員であって、トルコの「風下」に立つことを潔しとせず、トルコ主導の地域再編は破綻した。でも、この地域にトルコ主導の「スンナ派テュルク族ベルト」を創出することは、トルコの年来の悲願であるわけです。

ところが、そんなものができてしまうと、中国にとって、「ここから先は中華帝国ではない」というデジタルな国境線ができることを意味します。それは困る。だから、トルコの先手を打って、中国主導の地域再編をめざしている。そういうことだと思います。

それにあらゆる国はそれぞれの「地政学的な物語」を持っています。前に引用したアフメト・ダウトオウルはトルコ外交のグランドデザインを論じた書物で、それぞれの国は

「自分は地理的にどこを棲息地と定めているのか」「自分はどのような歴史的召命を果たすべく存在するのか」についての集合的意識を有していると書いています。これはトルコについても中国についても当てはまると思います。

中国の場合、「西域」は匈奴の時代から繰り返し「長征」を試みてきた地域です。張騫《ちょうけん》、李陵《りりょう》、霍去病《かくきょへい》、蘇武《そぶ》といった名は中国の英雄譚に欠かせないものですけれど、彼らに共有されていたのは「西へ」という趨向性でした。元の時代にはモンゴル族も「西へ」向かいました。一帯一路の「シルクロード経済ベルト」は中国古代の将軍たちの英雄的な戦いの記憶が刻みつけられた土地であり、また玄奘三蔵が孫悟空を供にチベットへ向かった道筋でもあります。そこは確定された「王土」ではないにしても、「王土」が広がるべきブルー・オーシャンとして中国人の「集合的意識」のうちに地位を占めている。

それは、一帯一路のもう一つの道筋、海路の「21世紀海上シルクロード」についても当てはまります。泉州から南シナ海を南下し、マラッカ海峡を抜けて、セイロン島を経由し、アラビア半島をかすめて、東アフリカに至るこの経路は、明代に鄭和《ていわ》がその大艦隊を率いて7度にわたって航海したルートそのままです。このルートもまた中国人にとってはきわめて喚起力のある「西へ」向かう方位性を示しています。

このとき鄭和が率いた大艦隊は全長130メートルの巨艦62隻、乗組員総数28000人という規模のものでした。その少し後に、クリストファー・コロンブスが新航路を求めて3隻でスペインを出航した時の旗艦のサンタ・マリア号は全長23・5メートル、3隻の乗組員総数はわずか90人でしたから、これに比べた時に、規模の違いがわかります。明代の中国の科学技術がいかに高い水準にあったか、鄭和の物語は教えてくれます。その意味でも、中国人にとっては鄭和の航海は「民族の誇りを高める、繰り返し思い出したい集合的記憶」であるはずです。

習近平が一帯一路構想のときに、かつて将軍たちが匈奴を追ったルートと、鄭和が航海したルートを採択したのは決して偶然ではないはずです。中国人たちにその地政学的な召命を思い出させる、そういうルートを習近平は選んだはずです。

地政学と民族心理

この話、面白いので、もう少し続けますね。何年か前に「中国の西太平洋戦略について」というテーマでゼミで発表した方がいました。南シナ海、東シナ海に進出してきた中国はこの後さらに東に向かうか、という割と生々しい話でした。

僕は「中国人は伝統的に東に向かう趨向性がないから、日本列島に領土的野心を抱くということはないだろう」という意見を述べました。戦略的思考は地政学的集合的意識の土台がないところには育たないというダウトオウルの考えに僕も同意するからです。

歴史的に見ても、そうなんです。漢民族は「東へ向かう」という集団行動をしたことがありません。中国軍が日本列島を襲った唯一の例は元寇ですけれども、これを計画実施したのはモンゴル族であって、漢民族ではない。

史書に残る「東へ向かった」最初の印象的な事例は秦の始皇帝が不老長寿の妙薬を求めて、方士の徐福《じょふく》を神仙が住むという東方の三神山に向かわせたというものです。でも、徐福は出航しなかったという説もあり、虚実の定かならぬ伝承です。

その次のインパクトのある歴史的事件は白村江の戦い（663年）です。この時、日本は唐・新羅連合軍に歴史的大敗を喫して、日本に逃げ帰りました。当然、この後唐と新羅の連合軍が日本列島に攻めてくるだろうと考えました。なにしろ、その時点で東アジアにおいて唐に帰属していなかったのは日本だけだったんですから。唐は必ず日本に攻めて来ると思って、防人の制を整え、大宰府に水城《みずき》を建設し、都を内陸の大津京に移しました。

でも、なぜか唐は攻めてこなかった。しばらくして遣唐使をそっと送り出したところ、中国側はこれまで通りに処遇してくれた。それで、「唐が攻めてくる」という話は立ち消えになった。

歴史家は「なぜある出来事が起きたのか」については説明してくれますが、「なぜ起きてもよかったある出来事は起きなかったのか」という問いには興味を示しません。でも、僕はむしろそちらの方に興味がある。

なぜ唐は日本列島に攻め込んでこなかったのか。たぶん「その気にならなかった」ということだと思います。朝鮮半島には興味があったので、よく足を運んだけれど、それから先の海を見ると、なんとなくそれより東に行くのが面倒になった。こういう「してもいいんだけれど、なんとなくする気にならなかったこと」については「どうして？」と訊いても、たぶんはかばかしい答えは得られない。

鄭和の艦隊は7回出航しているんですけれど、毎回まっすぐにインドシナ半島に向かっています。日本列島には見向きもしていない。艦隊派遣の理由はアジア諸国との朝貢関係の樹立と示威のためなんですから、日本列島に来ない理由はない。アフリカに行くことに比べたら、ほんのわずかな行程なんですから。でも、誰も「ちょっと東に寄り道して、日本人の度肝を抜いてやりませんか」と提案しなかった。

　習近平が一帯一路で示した「西へ」というアイディアには、いま多くの中国人が深い共感を示していると思います。漢民族には「西へ」という根源的趨向性があるから。それがわかっている人が習近平のブレーンにいて、このアイディアを出した。でも、「東へ」という話は中国人の集団的意識をあまり刺激しない。

　いま台湾や尖閣について中国が攻撃的な態度をとっているのは、「ここは中国じゃない」と言って、デジタルな境界線を引こうとしているからです。香港でも、新疆ウイグルも、「ここは中国じゃない」という分離主義の予兆を感知すると中国は暴力的な弾圧を加える。

　尖閣諸島が問題になったのも、日本が２０１２年に「都有地」を宣言して、「棚上げ論」をご破算にしてから後の話です。あんなことをしなければ、いまも「棚上げ」されたままだったと思います。しなくて済んだ尖閣防衛のためにいったい海上保安庁や海上自衛隊がどれくらいの予算を費消しているのか。外交を考える時に、隣国の戦略的思考について一顧だにしなかったことのツケをいま日本国民は払わされていると僕は思います。

『中国の赤い星』再び

この後、中国はどういうふうになってゆくのか。僕はそれほど熱心なチャイナ・ウォッチャーではないのですが、希望を言わせていただければ、もう一度「共産主義」化を検討してはいかがかということです。

前に書いた通り、これから先、少子・高齢化、急激な人口減に直面する中国の前には「資源の都市一極集中・農村の切り捨て」と「資源の地方への分散」という二つのシナリオのどちらかを選択しなければなりません。経済成長を最優先するなら、都市一極集中が選択されるでしょう。でも、その場合には、これから大量に発生する社会的弱者たちは行き場を失ってしまう。農村部にとどまる限り、彼らは貧困に甘んじなければならず、十分な行政サービスも受けられず、「世界大国」になったはずの中国の豊かさの恩沢に浴することができません。果たして、その絶望的な格差に弱者たちは黙って耐えるか。難しいだろうと思います。

その時に彼らが「自分たちにも資源を分配しろ」と訴えた時に、彼らがその主張の正統性の根拠とするのは「中国共産党が何をめざして革命闘争を行ったか」ということになります。それは対外的には反帝国主義、対内的には農業革命でした。農村の貧困と疲弊は対日戦争の1930年代にはもう耐え難いレベルに達していました。中国共産党はその苦しむ農民たちを組織して革命闘争の主力に鍛え上げたのでした。

欧米のジャーナリストで最初に毛沢東に面会したエドガー・スノウはその『中国の赤い星』で1937年時点、「長征」の後に延安に拠点を置いた赤軍の実相を伝えています。まことに興味深いルポルタージュですが、最も印象に残ったのは、赤軍が採用した軍紀でした。それは3項目から成っており、第2項には「貧農からはいかなるものも没収してはならないこと」が掲げられていました。のちに農民からのさらなる支持を得るために八項目の規則が追加されました。この時期の革命闘争が具体的にどういうものであったのか、それが窺えます。

（1）人家を離れる時には、すべての戸をもとどおりにすること
（2）自分の寝た藁筵《わらむしろ》は巻いてかえすこと
（3）人民に対して礼儀を厚くし、丁寧にし、できるだけ彼らを助けること

（4）借りたものはすべて返却すること
（5）こわしたものはすべて弁償すること
（6）農民とのすべての取引にあたって誠実であること
もともとここまでの六項目でしたが、林彪《りんぴょう》がさらに次の二つを付け加えました。
（7）買ったものにはすべて代金を払うこと
（8）衛生を重んじ、特に便所を建てる場合には人家から十分な距離を離すこと（8）

第1項の「戸を返す」というのは、当時、中国の民家の戸は簡単に外せるので、夜の間それを引き剥がして即席のベッドに使うことが兵士の間でよく行われていたからです。

みなさんに感じて欲しいのは、この革命軍規律の「手触りのやさしさ」です。「礼儀」とか「弁償」とか「誠実」とかいうのは頭の中で考えても出てくる言葉ですが、赤軍兵士に一夜の宿を貸したせいで、農民たちが感じる「寒さ」や「臭気」といった生理的不快まで気づかうのは、農民たちのごく身近にいて起居を共にした人間からしか出てこない言葉です。

興味深いのは、この最後の二つの項目を書き加えたのが林彪であると毛沢東がわざわざ付け加えたことです。林彪はこの時「赤軍の戦術的な天才で、かれの有名な赤軍第一集団軍は一度も負けたことがないといわれていた」人物です[9]。

歴史的事実の当否は脇に置きます。重要なのは「不敗の将軍」である林彪自身が「買ったものの代金を払う」ことと「便所を人家から離れたところに作る」ことをあえて指示したということを毛沢東が強調したことです。このような農民への細やかな気づかいができる将軍だからこそ連戦連勝であったという「因果関係」を毛沢東は示唆しようとしたのだと僕は思います。

中国共産党にはさまざまな功罪があり、歴史的評価が下るのはまだまだ先のことでしょうけれども、1930年代、大陸中に戦火が吹き荒れていたときに、貧しい農民の飢えや寒さを気づかったのは日本軍でも、国民党軍でも、土匪でもなく、赤軍のみであったという歴史的事実は重いと思います。だからこそ彼らが最終的に革命闘争に勝利することができた。

僕が「中国は共産主義の原点に戻る方がいい」というのは、この時の経験に戻るべきだということです。いまの中国共産党の幹部たちは、誰も人家の戸を外してベッドにしたことも、便所の穴を掘ったこともたぶんないと思います。でも、農民の飢えと寒さと無権利状態を「なんとかしなければならない」と切実に感じたからこそ、かつて革命家たちは立ち上がり、困難な革命闘争を戦い続けることができて、そして勝利した。その原点に立ち戻るべきではないか。

もし、経済成長のために資源の都市一極集中を続ければ、階級格差も地域格差も広がり、農民たちは再び飢えと寒さと無権利状態に追いやられることになるかも知れない。それを「統治上のリスク・ファクター」とみなすのか、「自分が手を差し伸べて救わなければならないこと」とみなすのか、中国共産党はその選択の岐路に立っていると思います。

資源を分散して、14億国民の平等を達成しようとしたら、たぶん中国の経済成長は停滞するでしょう。アジアにおける軍事的なプレゼンスも低下するかも知れない。ですから、「平等の達成」という選択肢を採ることは難しいと思います。でも、これから先、もし中国政府のグリップが弱くなることがあり、その時に「人民にもっと自由を、もっと権利を」という主張をなす人たちが登場したとしたら、彼らはその正統性を「革命の原点に還れ」という言葉づかいで基礎づけるはずです。そのスローガンを掲げる市民を「テロリスト」とか「分離主義者」とか呼んで排除してしまったら、そのとき中国共産党はその倫理的なインテグリティを失います。革命の素志を忘れた単なる独裁権力になってしまう。短期的にはそれでも体制は維持できるでしょうけれども、倫理的インテグリティを持たない統治者は長期にわたって権力を保ち続けることはできません。それくらいのことは中国共産党の人たちだってわかっているはずです。ですから、これから共産党内部では「地方への資源分散」による「中国農民革命の再演」をめざす「原点回帰派」が登場してきて、それなりの発言権を持つようになるだろうと僕は予測しています。これからどころか、すでに党内に一定数存在しているかも知れません。次の党内闘争はそういう原理的な対立に由来するものになるだろうというのが僕の予測です。これはあながち「妄想」とも言えません。それを裏付けるような事実があるからです。

教育の商品化を禁止した「双減」政策

2021年に実施された「双減《シュアンジエン》」政策はその徴候ではないかと僕は見ています。日本ではあまり大きくは報道されませんでしたけれど、僕はこれは中国の統治に微妙な「潮目の変化」が起きたものではないかと見立てています。

ご存じの通り、中国では受験競争が過熱状態にあります。学歴によって就職にも年収にも大きな差がつきます。ですから、小学校から高校まで、経済的に余裕のある親たちは子どもを学習塾に通わせます。でも、それが過熱してきて、子どもに対する学習負荷が限度を超えてきた。身体の発達が阻害されたり、メンタルに傷を負う子どもたちが出てきた。そこで政府は「双減政策」なるものを採用して、「二つのものを減らす」とことにしました。

一つは子ども学習時間を減らすことです。まず宿題を制限しました。小学校1・2年は宿題なし。3年生から6年生までは1日平均60分で終わる量まで。中学生で1日平均90分まで。それ以上の量の宿題を出すことが禁止されたのです。

もう一つは学習塾の非営利化。学習塾で金儲けをしてはいけないということを政府が命じたのです。株式会社の学習塾や英語学校が中国には乱立していたのですが、この政策のせいで株価が急落し、いくつもの私塾が倒産しました。外資系の塾は開業禁止。海外とつながるオンライン教育プログラムも禁止。こういうことは資本主義社会では絶対にできません。現に消費者の側のニーズがあり、それに応える教育サービスが提供されているにもかかわらず、政府が禁止したのです。これは「教育は商品ではない」という一つの教育についての思想の表明だと僕は思います。

というのは、教育が商品であるとすると、それを買う金のある人間だけが教育を受けることができ、貧しい人間は質の高い教育機会から遠ざけられることになる。資本主義社会では「当たり前」かも知れません。教育を受けた人間が有用な知識や技能を身につけ、それなりの社会的地位を得たり、高い年収を得たりして、自己利益を増大することができるのだとすれば、「受益者負担」の原則に立てば、「教育を受けるために金を出せる人間」だけが教育を受ける権利があるという話になります。

一見フェアに聞こえますけれども、そんなことを続けてゆけば、国民の間の経済格差がそのまま学力格差に相関することになる。格差を放置すれば、いずれ、国内のすべての権力も富も文化資本も、「金持ち」の専有物になる。それは中国政府としてはどうしても避けたい。それではいったい何のために革命をしたのかわからなくなるからです。

中国政府の発表では、双減政策導入から7か月で塾・予備校の数は92％減となったそうです。すごい数字ですね。併せてネットゲームにも時間制限が課されました。子どもたちがネットゲームをしていいのは金土日祝日の午後8時から9時までの1時間のみ。

これもすごいと思いませんか？　ゲーム禁止なんて、他の国では絶対にできません。ゲームを売る企業があって、それを買って楽しむ消費者がいる。政府が口を出す話じゃないだろうというのが理屈です。でも、中国人には痛苦な歴史的経験があります。阿片です。

英国人が大量に持ち込んで、19世紀の中国人たちは阿片に溺れた。一方に「売りたい」という人がいて、他方に「買いたい」という人がいる。マーケットのロジックに従うなら、誰にもこれを止める権利はありません。でも、子どもたちがゲームに1日何時間も耽溺しているさまを見て、これを清末の中国人たちが阿片に嗜癖している様子と似ていると思った人が党中枢にいたんでしょう。これは亡国の兆しだと思った。

これまで中国人は教育格差やゲーム熱をあまり気にしていなかったようです。一方にニーズがあり、商品を提供するものがいるなら、じゃんじゃん売り買いをすればいい。経済活動が活発になるのは端的に「よいこと」だというシンプルな物語をみんな信じてきた。「双減政策」はあきらかにそれにブレーキをかけようとする企てです。金持ちの子どもだけが有利になるような学習競争は禁止する。子どもたちの心身を弱らせるような娯楽は禁止する。

「下放」政策の再演か

この政策は「共産主義的」なものだと言ってよいと思います。できるだけすべての子どもたちに均等な教育機会を与えて、親の代の階層格差が拡大再生産されることを防ぐ。そもそも子どもにあまり勉強をさせないようにしようとしている。「徳育、知育、体育、美育」というスローガンが掲げられましたけれど、これは子どもたちは勉強だけじゃなくて、身体を鍛えて、美しいものを見て、人間としてトータルに成熟することを求めるものです。ゲームなんかやるより、スポーツをしたり、芸術を鑑賞したりせよ、と。そういう「古めかしい」方針を党中央が打ち出してきた。

僕はこのニュースを知って、これは中国政府が「共産主義化」の必要を感じたのではないかと思いました。受験競争の過熱、階層格差の再生産、子どもたちがゲームに惑溺することをこのまま放置しておくと、いずれ国力が衰退してゆくという見通しを抱いた。だとすれば、「双減」政策の導入は、現状を建国時の理想からの逸脱としてとらえる人たちが教育政策を起案できるほどの中枢的な立場にすでにいるということを意味しているのではないか。

中国にはかつては「科挙」というエリート選抜制度がありました。過酷な試験に勝ち抜いた少数の受験秀才が権力も財貨も文化資本も独占し、圧倒的多数の人民は貧困と無学のうちに取り残された。この資源の偏りが清末の国力の衰退と、欧米列強による国土の蚕食をもたらしたというのが中国共産党の公式見解です。

ですから、中国共産党はすべての国民が等しく教育機会を受けて、字が読めるようになり、歴史について、政治について十分な知識を持つことをめざしました。

先ほど引いたエドガー・スノウは１９３７年時点で、赤軍兵士の識字率は60〜70％であると書いていますが、これは兵士の多くが農民出身であることを考慮すると例外的に高い数字だと思います（清末の識字率は全国民平均で推定16〜28％とされていますが、貧農の子どものうちでは識字者はごく少数だったはずです）。

赤軍では総司令から兵士に至るまで、基本的には全員が同じものを食べ、同じ服を着て、居室にも大差がなかったとスノウは報告しています。[10] それは革命の目標である「平等の実現」をいまここで行わなければならないという倫理的な理由もあったでしょうけれど、もう一つ実利的な理由として、赤軍の将校の死亡率が高かったことがあると思います。赤軍では、兵士の先頭に立って危地に突っ込んでゆくせいで将校の死亡率は時に50％に達しました。これを適宜補充するためには、「全員がいつでも指揮官になれる」教育が必要だった。これは「科挙」的エリート主義からは出てこない発想です。

ですから、同じ理由で、赤軍には「スペシャリスト」たちによる「分業」という考え方がありませんでした。誰かが欠けても、すぐに別の誰かが代替できるという仕組みでないと、「長征」のような総員の90%を失うというような軍事行動はとれません。

誰かがいなくなると機能しなくなるセクターをできるだけ作らないこと、それが赤軍にとって制度設計上の要件でした。ですから、赤軍兵士には農民であり、兵士であり、工人であり、教師であり、衛生兵であることが求められました。「その知識や技術は習っていないので、できません」というエクスキューズを許さない。この徹底的な「反・科挙」的な教育政策によって中国共産党は革命に勝利した。それが客観的事実であるかどうかは別として、とにかく「建国の物語」としては、そのストーリーが採用された。

毛沢東は文化大革命において、「下放政策」を採用して、都市部の青年たちを農村に追いやり、農作業に従事させましたが、それはおそらくすべての人民は農民でありかつ兵士でなければならない（「全民皆兵」）という赤軍の理念を再演しようとしたのだと思います。だからこそ、きわめて無謀で、自殺的な政策であるにもかかわらず、毛沢東に反対する党幹部の側からも、これに原理的な批判を加えることが困難だった。そして、この「古い物語の再演」は中国にたしかに地殻変動的な社会的変化をもたらしたのでした。

カール・マルクスが言うように、「生きている者たちは、ちょうど、自分自身と事態を変革し、いまだになかったものを創り出すことに専念しているように見える時に、まさにそのような革命的危機の時期に、不安げに過去の亡霊たちを呼び出して助けを求め、その名前やスローガンや衣裳を借用し、そうした由緒ある扮装、そうした借りものの言葉で新しい世界史の場面を演じるのである[11]」。

マルクスの指摘が正しいとしたら、いまの中国に唐突に出てきた「双減」政策は（穏やかなかたちでの）「下放」政策の再演であり、「赤軍」神話への参照指示とみなすことができます。だとすれば、それは党中央内部で、「社会的平等の達成は一部の国民だけが富裕になることよりも優先的な政治課題である」という「共産主義的」な言説が一定の説得力を持ち始めたことを意味しているように僕には思われます。

（1）山田泰司『3億人の中国農民工　食いつめものブルース』日経BP社、2017年、252頁
（2）同書、15頁
（3）同書、255頁
（4）ニコラス・エバースタット「人口動態と未来の地政学」*Foreign Affairs Report*, 2019, No.7, pp.10–11
（5）リチャード・マクレガー「習近平と中国共産党　党による中国支配の模索」*Foreign Affairs Report*, 2019, No.10, p.31
（6）アンドレア・ケンドル＝テイラー他「デジタル独裁国家の夜明け」*Foreign Affairs Report*, 2020, No.3, p.24
（7）同書、p.24

（8）エドガー・スノウ『新版 中国の赤い星』宇佐美誠次郎訳、筑摩叢書、1964年、127頁
（9）同書、15頁
（10）同書、199頁
（11）カール・マルクス『ルイ・ボナパルトのブリュメール一八日』（『マルクス・コレクションⅢ』）横張誠、木前利秋、今村仁司訳、筑摩書房、2005年、4頁

第9章

米中対立の狭間で生きるということ

三つのシナリオ

これからの米中関係はどうなるのでしょうか。世界の情勢の先行きがよく見えない以上、簡単には予想ができませんが、よく語られるシナリオは三つあります。

第一のシナリオは「ウクライナ戦争の失敗で、ロシアは軍事的にも、経済的にも急速に国力を失う。中国は少子・高齢化と『ゼロコロナ』政策の失敗と習近平独裁のせいで経済的に停滞する。米国は国内の分断をなんとか乗り越える」という「アメリカ一人勝ち」シナリオ。第二は「中国が経済成長に成功し、軍事テクノロジーでもアメリカに比肩する」という「米中二極世界」シナリオ。第三は「米中ロシアすべてが衰退し、世界が多極化・カオス化する」という「カオス化」シナリオ。

僕はこういう話については、アメリカの政治学者、外交専門家の書くものを読むようにしています。というのは、アメリカという国では、想像力をたくましく発揮して「アメリカが滅びるシナリオ」を精緻に書き上げるタイプの知性に敬意が払われるからです。これは他国ではなかなか見ることのできない知的習慣です。これはＳＦというジャンルがアメリカで開花したという文学史的事情も関係があるかも知れません。

ＳＦが最も好む主題は「ディストピア」です。「人間たちの愚行のせいで、文明が崩壊して野蛮状態に戻ってしまった世界」をカラフルに描くことに実に多くの作家たちが健筆をふるいました。でも、それは別に自傷的な行為ではなく、むしろ「ディストピアを精緻に描くことで、ディストピアの到来を防ぐことができる」という信憑が存在するからだろうと思います。

ＳＦが大流行したのは、１９５０年代のアメリカですが、これは「人類が発明したテクノロジーによって人類が滅びるかも知れない」という恐怖がリアルなものに感じられるようになったにもかかわらず、既存の文学ジャンルはこの恐怖をうまく描くことができなかったからです。やむなく新しい文学ジャンルの発明が要請された。

若い読者はあまりご存じないと思いますが、「世界終末時計」というものがあります。人類絶滅を「午前0時」とした時に終末までの残り時間を「あと何分何秒」という時計の針で示したものです。１９４７年からアメリカの雑誌『原子力科学者会報』の表紙に使われています。１９５３年に「世界終末時計」は「あと2分」を指しました。米ソ両国が水爆実験に成功した年です。１９６２年のキューバ危機の時には、文字通り米ソの第三次世界大戦まであと一歩というところまで緊張は高まりました。

　この時代に、映画でも「地球最後の日」は繰り返し描かれました。『渚にて（*On the beach*）』（１９５９年）、『博士の異常な愛情（*Dr. Strangelove or: How I Learned to Stop Worrying and Love the Bomb*）』（１９６４年）、『魚が出てきた日（*The Day the Fish Came Out*）』（１９６７年）、『猿の惑星（*Planet of the Apes*）』（１９６８年）などなど、原水爆で人類が滅びるという映画は枚挙にいとまがありません。どれもいまなお鑑賞に堪える傑作映画です。

　でも、クリエーターがこれらの作品を制作したのは、ただ「流行」を追ったというより、人類に戦争の愚かさを骨身にしみて思い知らせるという教化的動機も与っていたと僕は思います。人類が自滅するプロセスを細部に至るまで詳細に描いて見せれば、どれほど愚かな政治家も軍人も、「物語とまったく同じプロセス」をたどって世界を滅ぼすようなことだけはしないだろう（手の内を読まれていたようで、みっともないから）。そういう「祈り」に似たものがこれらのＳＦ作品には伏流していたようにいまになると思います。

　そういう作品が大量に制作されてから半世紀以上経ちましたが、さいわい第三次世界大戦は起こりませんでした。いまもウクライナでロシアが核兵器を使う可能性があるわけですから、ただ破滅を「先送り」していただけかも知れませんが、それでも一人の人間の

「一生分」くらいの時間先送りはできた。この功績には「世界終末時計」や「人類滅亡物語」が大きく与っていると僕は思っています。

おそらくこの「成功体験」がアメリカ人の中に内面化していて、軍事や外交について論じる場合でも、「最悪の事態」に至るプロセスをことこまかに想像するタイプの知性に対して、アメリカ人はある種の敬意を抱いている。そういうことではないかと思います。

『高い城の男』『１９８４』が日本で生まれない理由

そういう「近未来ディストピア」の他に、これを「ＳＦ」にカテゴライズするのが適当かどうかわかりませんが、「近過去ディストピアもの」という作品群もあります。代表的なのはフィリップ・Ｋ・ディックの『高い城の男（*The Man in the high castle*）』（１９６２年）。これは第二次世界大戦で枢軸国側が勝って、アメリカがドイツと日本によって占領された世界を描いたものです。近くではフィリップ・ロスの『プロット・アゲンスト・アメリカ（*The Plot against America*）』（２００４年）があります。これは１９４０年の大統領選挙で親独派のリンドバーグ大佐が大統領に選ばれて、枢軸国と不可侵条約を結び、ドイツのヨーロッパ征服、日本の中国アジア進出を傍観するという想定で、そのアメリカでユダヤ人の少年が吹き荒れる反ユダヤ主義とFBIによる弾圧に苦しむという物語です。どちらも「こういうことが起こる可能性がアメリカにはあった」ということを読者に伝えようとするものです。実際にリンドバーグ大佐が「ヨーロッパの戦争にアメリカは関与すべきではない」と訴えた「アメリカ・ファースト」というスローガンはのちにドナルド・トランプによって再演されることになりましたから、これは「近未来SF」的でもあったわけです。

同じような傾向の作品は英国にもあります。代表的なのがジョージ・オーウェルの『1984』(1949年)です。この伝統を継いだものにレン・デイトンの『SS《エスエス》-GB《ゲーベー》』(1978年)があります。これはドイツに敗北してドイツ軍占領下にあるロンドンを舞台にした物語。『1984』はディストピアSFの嚆矢《こうし》ですから、「最悪の事態を想像することで、その到来を未然に防ぐ」というのはもしかするとアングロ・サクソンに固有の工夫なのかも知れません。

ともあれ、この風儀はアメリカの政治学者や外交専門家にも受け継がれているらしく、「アメリカにとって最悪のディストピアに至るシナリオ」をことこまかに描くということは別に禁忌ではなく、知性と想像力の適切な行使の仕方であると、少なくともアメリカでは認知されている。

日本でも、ディストピアSFは書かれますけれども、政治学者が「論文」として、「ディストピアに至るシナリオ」を精密に書くということはまずありません。たとえ書いても、アカデミックな評価を得るということはあり得ない。でも、これについては、日本人はアメリカに学ぶべきだろうと僕は思います。

現に、1930年―1940年代の日本では、「すべての作戦が成功すれば皇軍大勝利」というタイプの「多幸症的」なシナリオを起草する陸軍参謀たちが累進を遂げて、「プランAが失敗した場合のプランB」を起案するようなタイプの人は「敗北主義者」として追放されました。そのせいで日本は歴史的敗北を喫したのです。

しかし、その教訓から日本人は何も学ばず、いまも「敗北主義が敗北を呼び込むのだ」というロジックは日本のいたるところで日々口にされております。ですから、日本はこの後高い確率で到来するはずのディストピアを効果的に阻止することはできないでしょう。当然ながら、「最悪の事態を想像したくない」人は最悪の事態が到来したときに適切に対処することはできないからです。そして、まことに心痛むことですが、いまの日本の「指導層」を形成している方たちは、総じて「多幸症的」です。だから、五輪だ、万博だ、リニアだ、カジノだというような「これ一発で起死回生」シナリオに偏愛を示す。

不愉快な隣人たちとの共生

愚痴を言っても始まらないので、話の続きをしますね。

このアメリカの外交専門家たちの間では、少し前までは「米中二極論」が支配的な言説でした。超覇権国アメリカの全能に翳りが生じて、中国という「不愉快な隣人」と共生しなければならない……というシナリオが少し前までは「最悪の事態」と想定されていたわけです。それがいささか風向きが変わって、このところは米中ロシア全部がこのあと国力が衰微して、世界は多極化するという「カオス論」が勢いを得ています。

でも、カオス論を語る人たちは別にそれほど絶望的な筆致ではありません。たしかに、もう人類全体を主導できるような汎通的ビジョンは失われました。人類のあるべき未来を提示してグローバル・リーダーシップを執ることのできる国はもうない。だから、そういう世界でなお生き延びるためにはどういう政策が適切かというふうに頭を切り替えている。

それが「味方の頭数を増やし、敵が過度に攻撃的にならないように抑制を求め、潜在的な敵同士の間には同盟関係ができないようにする」というあまりぱっとしない世界戦略です。これからは統治原理についても、人権についても、命の重さについても、社会的フェアネスについても、考え方がまったく違う「不愉快な隣人たち」と共生する術を学ばなければならない。アメリカではそう論じる人の数がだんだん増えてきています。

この「不愉快な隣人たちとの共生」というのは、米国内における国民的な分断のことも頭の片隅にはあるのだろうと思います。どちらか一方の陣営が掲げる単一の政治的アイディアで国民を統合することはもう諦めよう、と。それより「どちらもそれについてだけは合意できる点」を探して、それを目標にする。お互いの顔を見て、対話を試みようとするから、うまくゆかないのである。お互いの顔を見て、代わりに、全員が共有できる目標を掲げて、同じ方向をめざす。顔と顔を向かい合わせているから気持ちが荒むのである。お互いに遠くの一点を見ている分には（たぶん）それほど腹も立たないだろう。人類についても、アメリカについても、「とにかく生き延びる」という共通目標を掲げる。

「自由と平等」に欠かせない「友愛」

その辺りが最近のアメリカの論調です。もちろん「最近の」というだけの話ですから、また環境に変化が生じたら一変するかも知れません。でも、しばらくは「指導者が単一の正解を提示したら、そこに全員が従うべきである」というタイプの議論が勢いを失い、それよりも、「みなさんそれぞれに事情がおありなんだから、ま、ここは一つナカとって」というような煮え切らない言説が支配的なものになるのではないかと僕は予測しています。

でも、これはそれほど悪いことじゃない。アメリカでは建国以来「自由と平等」という食い合わせの悪い二統治原理が葛藤しているという話を前にしました。でも、思い出して欲しいのは、フランス革命の標語は「自由 (liberté)」と「平等 (égalité)」の他にもう一つ「友愛 (fraternité)」という第三の原理を掲げていたことです。自由と平等という食い合わせの悪い原理を調停するために、友愛という「第三の原理」を持ち込んだ。これはすぐれた着眼点だったと僕は思います。

自由も平等もかなり暴力的な理念です。自由をどこまでも突きつめれば「万人の万人に対する闘争」の自然状態（無政府状態）に至る。平等を徹底しようとすれば、全体主義監視国家が出現する。どちらか一方だけを選ぶということはできません。

友愛はその対立を調停する第三の統治原理です。友愛は同じ共同体の仲間に対する気づかい、親切のことです。鄧小平の「先富論」は改革開放政策を主導した思想ですけれども、そこには「先に豊かになれる者たちを富ませ、落伍した者たちを助けること。富裕層が貧困層を援助することを一つの義務にすることである」と明記されていました。「富者が落伍者を助ける」ことを市民の経済活動の自由を保証することの「交換条件」に挙げていたのです。

残念ながら、市民間の「相互支援」は「義務」として権力者が命令できることではありません。それは「惻隠《そくいん》の心」という人間性の奥底から自然発生的に生まれ出るものです。個人に内在する、「人として当然」という行動規範のことです。いくら最高権力者が言っても、法律で強制することも、経済的利益で誘導することもできない。でも、この友愛が調停しない限り、自由と平等の矛盾は解決不能だと思います。

「井戸に落ちかけた子ども」に手を差し出せるか

それに、自由と平等と友愛はそれぞれ実践する主体の次元が違います。自由の主体は個人です。平等の主体は公権力です。友愛の主体は、こう言ってよければ、その中間にある共同体です。自由主義の暴走と平等主義の暴走を、中間共同体の常識が抑制する。「理屈としてはそうかも知れないけれど、どうしても納得できない」「それを言っちゃあおしまいだぜ」という理屈にならない人としての情が緩衝材になって自由と平等の矛盾を和らげることができる。

「人としての情」というような頼りないものを統治原理に繰り上げてよいのかと不安に思う人もいると思います。たしかにポストモダニズムの時代には「人としての情」などというものは、100%集団的な幻想であって、他の集団には適用できないし、すべきでもないという考え方が支配的でした。でも、ポスト・ポストモダニズムの時代には、前の時代に最も激しく批判され、排斥されたものが、キーコンセプトとして甦って来る。僕はそんな気がします。

「惻隠の心」というのは孟子が言うように、子どもが井戸に落ちそうになったときに思わず手を差し伸べることです。観念でもイデオロギーでも規範でもない。何も考えずに手が出る。「ここで助けると子どもの親から感謝されるかも知れない」とか「ここで助けておかないと周りの人間から『薄情な野郎だ』と思われるかも知れない」とかいう計算をするより前に、気がついたら手が出ている。それが「惻隠の心」です。

目の前に危険な状態にある人がいて、自分が手を差し出せば助けられるという時に「つい身体が動いてしまう」というのが人間性の基本であり、「仁の端」であると孟子は述べています。「惻隠の心」にはオルタナティブがありません。「こういう場合には子どもが溺れ死ぬのを黙って見ているのが人として正しいふるまいである」というような行為を正当化する「オルタナティブ」が存在しない。

そこが友愛という統治原理の「足場」になると僕は思います。自由も平等も脳がこしらえあげた理屈です。でも、友愛は思想ではなく、身体反応です。だから、どんな理屈を言い立てられても、「呑み込めない」とか「腑に落ちない」とか「鳥肌を生じる」とかいうことが起こる。それは原理の暴走を抑止する人間的な「アラート」なんです。

だから実践的な問題としては、ここで「井戸に落ちかけた子ども」にカウントされる他者の数をどうやって増やしてゆくかということになります。誰を「子ども」とみなすかは個人によって異なります。体重30キロの人は仮に年齢的に大人であっても、体重100キロの子どもが井戸に落ちそうになっているときに「何も考えずに手を差し出す」ということはできないでしょう。自分も引きずられて井戸に落ちてしまいますから。ですから、わかると思いますけれど、ここで「子ども」というのは年齢のことではありません。「子ども」とは「私が救えるもの」のことです。

友愛という政治的課題の実践は、ですから、「私が救えるもの」のカテゴリーに一人でも多くの他者を繰り込んでゆくこと、つまり、自分自身の生きる力を高めてゆくことだということになります。

なんだか、ずいぶん平凡な結論になってしまいましたけれども、僕はいまそんなふうに考えています。

おわりに

みなさん、最後までお読みくださって、ありがとうございました。

いかがでしたでしょうか。なかなか面白かったけれど、「同じ話」が多過ぎる……と僕自身はゲラを通読して思いました。

本書の中でも同じ話がけっこう繰り返されていますけれども、それだけではなく、他の本に書いている話がここにもよく出てくるんです。読者の方から「あのさ、その話『若者よ、マルクスを読もう』で読んだよ」とか「それ白井聡さんとの対談本で読んだよ」とか言われそうです。

学術論文だとこういうのは「二重投稿」と言って、やってはいけないこととされているのです。でも、仕方がないんですよ。この本の基になっているのは、寺子屋ゼミだからです。その日ゼミ生が発表したことについて、その場で僕がコメントをするのですから、いきなり「本邦初演」の話を滔々と語り出すというわけにはゆきません。とりあえず「前に一度した話」を足がかりにして、そこからぽつぽつと話を始めることになります。

もちろん、「これ、前によそでした話だよな」という自覚は僕にはあるんです。でも、話を聴いている30人ほどのゼミ生のほとんどにとっては「初めて聴く話」です。そういう場合に、「前にどこかで一度した話は二度としない」というような厳密なルールを適用するわけにはゆきません。

「一つ話」という日本語がありますが、これは「いつも得意になってする同じ話」のことです。こういうのが、僕の場合もやはりいくつかあります。特に、わかりにくい話を筋道立てて説明しようとするとき、ふと思いついた喩え話とか具体的事例を使ったらうまく説明がついたという「成功体験」があると、そういう話はなかなか手離すことができません。

例えば「アメリカ合衆国憲法は常備軍を認めていない」という話を僕はけっこうあちこちに書いています。これが日本の改憲論者たち（その多くは対米追従を「リアリズム」と思い込んでいる人たちです）に対する批判としてはかなり有効だと思ったからです。実際に、この論件については、「自称リアリスト」の方々から一度も反論を受けたことがありません。

みんな、そんな話聞いたこともないような素知らぬ顔をしてスルーしています。その様子を見ると、「なるほどこの例示は有効なんだな。そこは触れて欲しくないところなんだ」とわかる。それがわかると、こちらも「じゃあ、しつこく同じ話をしてやるぞ」という気になる。

それは仕方ないんです。別に同じ話を繰り返して稿料を稼ごうというような「せこい」ことをしているわけじゃないんですよ。効果的な例示はなかなか手離せないということなんです。そこをご諒察頂きたいと思います。

アメリカの連邦派と州権派の対立ということもあちこちに書いてきました。読者によっては「おい、またかよ」と眉根をしかめた人もいると思います。お気持ちはわかります。でも、これは現在のアメリカの国民的分断を分析するときには通り過ぎることのできない歴史的事実なんです。なんといっても、そこから以後250年にわたるアメリカの統治原理上の対立と国民的分断が始まっているんですから。

でも、アメリカのいまの政党政治の対立を解説するときに、ジャーナリストは「もとをたどればいまから250年前……」というような話はまずしません。というのは、ジャーナリストの扱うのは「ニュース」だからです。新奇性と速報性が彼らの提供する情報の主要な価値を形成している。「いまから250年前にこんなことがありました」というのは「周知のこと」ですから、ニュースバリューはありません。ニュースバリュー・ゼロのことを書くために限られた紙面を割くことはできない。ですから、彼らは「現在のこの政治的対立の起源はいまから250年前に遡る」というような話は書かない。書かないだけならいいんですけれど、「ニューズ」だけを読んで自分のリテラシーをかたちづくってきたジャーナリストはついにはそのような歴史的事実があること自体を知らないというところまで退化してしまう。

僕だって、同じ話を何度もしたくはないんですよ。合衆国憲法第八条十二項のことや、連邦派と州権派の話を新聞記事で繰り返し読むことができるという情報環境が日本社会に整備されているなら、僕だって安心して違う話をしますよ。でも、どの新聞を読んでも、ネットニュースを読んでも、そんなことは誰も書いてくれない。

僕が同じ話を繰り返すのは、僕に代わってその「同じ話」を広めてくれる人がほとんどいないからなんです。伝道と同じです。伝道師が僕の他にたくさんいるなら、ニッチを変えて、これまで誰もしてない話でもするか……という気にもなるんですけどね。これが少数派のつらいところです。

というのが「内田はどうして同じ話をするのか」という読者のみなさんの疑問に対する僕からの言い訳です。これを以て「おわりに」に代えたいと思います。なにしろ、ゲラを通読して最初に思ったのが「同じ話が多いなあ……」ということだったんですから。

でも、さいわいなことに、それを除くと、本書については「この辺が欠陥だなあ」というシリアスな反省はいまのところありません。あと何年か経って、ここに書いたことのいくつかが「事実誤認」であることがわかったり、「予測が大外れ」であったりした場合には改めて反省の場を設けさせて頂きたいと思います。

【著者紹介】
内田　樹（うちだ　たつる）
1950年生まれ。思想家、武道家、神戸女学院大学名誉教授、凱風館館長。著書に『ためらいの倫理学』（角川文庫）、『寝ながら学べる構造主義』（文春新書）、『死と身体』（医学書院）、『街場のアメリカ論』（NTT出版）、『私家版・ユダヤ文化論』（文春新書、第6回小林秀雄賞受賞）、『街場の中国論』（ミシマ社）、『日本辺境論』（新潮新書、新書大賞2010受賞）、『街場の天皇論』（東洋経済新報社）、『属国民主主義論』（白井聡氏との共著、東洋経済新報社）、『レヴィナスの時間論』（新教出版社）、『コロナ後の世界』（文藝春秋）など多数。2011年4月に多ジャンルにおける活躍を評価され、第3回伊丹十三賞受賞。

街場の米中論

2023年12月19日発行

著　者――内田　樹
発行者――田北浩章
発行所――東洋経済新報社
〒103-8345　東京都中央区日本橋本石町 1-2-1
電話＝東洋経済コールセンター　03(6386)1040
https://toyokeizai.net/

装　丁…………竹内雄二
D T P…………アイランドコレクション
印　刷…………港北メディアサービス
製　本…………積信堂
編集協力………中村友哉／パプリカ商店
編集担当………渡辺智顕
　Printed in Japan　ISBN 978-4-492-44479-5